Kulinarische Weihnachtsgeschichten am Kamin

Gesammelt von
Vera Pagin und Ursula Richter

Rowohlt Taschenbuch Verlag

Originalausgabe
Veröffentlicht im Rowohlt Taschenbuch
Verlag GmbH, Reinbek bei Hamburg,
November 2000
Copyright © 2000 by
Rowohlt Taschenbuch Verlag GmbH,
Reinbek bei Hamburg
Alle Rechte vorbehalten
Umschlaggestaltung C. Günther / W. Hellmann
(Foto: Jahreszeiten Verlag / Heino Banderob)
Satz aus der Bembo PostScript, PageOne
Gesamtherstellung Clausen & Bosse, Leck
Printed in Gemany
ISBN 3 499 22876 9

Die Schreibweise entspricht den Regeln
der neuen Rechtschreibung.

Vorbemerkung

🍴

Das Weihnachtsessen ist in Deutschland von einer Magie erfüllt, die es in anderen Ländern nicht hat. Es ist, ob am Heiligabend oder am ersten Feiertag, das wichtigste Essen des Jahres. Und seine Gestaltung beruht nicht auf einer nationalen Tradition, sondern höchstens auf regionalen Bräuchen, die wiederum gänzlich der Familientradition untergeordnet sind.

Wenn Weihnachten das wichtigste Familienfest ist, dann ist sich die einzelne Familie ihrer selbst und ihrer Geschichte nie so stark bewusst wie in der Speisenfolge dieses Essens.

Dieses Festmahl ist seit dem Anbruch des bürgerlichen Zeitalters so sehr zum Sinnbild des Familienglücks geworden, dass sich unweigerlich eine ganze Reihe von Widersprüchen und Verwicklungen einstellen, will man ihm gerecht werden.

Viel mehr noch als Baum und Geschenke symbolisiert die Mahlzeit, wie in archaischen Zeiten, den Höhepunkt des Weihnachtsrituals. Sie symbolisiert die Familie schlechthin, Geborgenheit, Geschichtsbewusstsein und damit Hoffnung auf Zukunft, Gemeinschaftssinn durch gemeinsame Erinnerungen an gemeinsames Essen, familiäre Nähe, die für diesen festlichen Augenblick von einem Hauch des Erhabenen gestreift wird – oder werden sollte.

Nie ist der Alltag bewusst ferner, nie die Familie sich so nah und doch – nicht ohne Grund – so festlich verfremdet.

Kein anderes jährliches Ritual weckt so stark das Gefühl, in die vergehende Zeit eingebettet zu sein und ihr gerade deshalb die Beständigkeit der Familientradition entgegensetzen zu müssen.

Aber das Weihnachtsessen hat, wie alle sehr wichtigen Rituale, immer auch eine utopische, eine magische Seite. Kommt all das auf den Tisch, was (angeblich) seit Generationen zu diesem Anlass sorgfältig zubereitet wurde, wird die Zukunft es auch den Kindern und Kindeskindern nicht verweigern. Die Familie wird, getragen von Ritual und Erinnerung, weiterhin bestehen.

Das Weihnachtsessen war und ist der Versuch der einzelnen Familie, in den Turbulenzen der letzten zweihundert Jahre für sich ganz allein einen Platz im Weltgeschehen einzunehmen. «Bei uns essen wir zu Weihnachten immer –», heißt es bei Kindern, die damit die Identität ihrer Familie gegen andere Familien abgrenzen. Denn für Weihnachten brauchen wir eine Familienidentität, auch wenn sie sonst eher in Frage gestellt wird. Selbst wenn vom christlichen Ritual häufig schon lange nicht mehr die Rede ist, definiert das Weihnachtsessen die Tradition der Familie schlechthin.

So weit, so gut. Dass diese idealisierte Beschreibung des Weihnachtsessens sich nur sehr schwer verwirklichen lässt, ist unvermeidbar. Dass die Schwierigkeiten nur selten zur Sprache kommen, liegt im Wesen der Idealisierung.

Genau genommen ist dies einzige Festmahl, das den ewigen Kern, den Ursprung und die Zukunft der Familie symbolisieren soll, natürlich ein Wunschgedanke. Ein einziges Weihnachtsessen, das als Geborgenheit wider Zeit und Welt empfunden wurde, wächst in der Erinnerung zu einer uralten Tradition. Und das ist auch gut so, denn es hält in uns die

Möglichkeit wach, tatsächlich mit einem Festmahl all das aufzuheben, was uns das Leben schwer macht.

Im vorliegenden Band erzählt eine Gruppe von Autoren des Seminars *Literarisches Schreiben* der Universität des Dritten Lebensalters der Johann Wolfgang Goethe-Universität in Frankfurt, wie schwer es ist, diesen Wunschgedanken, dieses ideale Essen der Familiensolidarität im wirklichen Leben umzusetzen.

Sie erzählen von Hoffnungen und Enttäuschungen, von absurden, legendären und misslungenen Weihnachtsessen, von solchen, die das Kind als Trauma in Erinnerung behält, und solchen, die gar nicht stattfinden. Sie erzählen vom guten Willen und vom festlichen Zwang, vor allem aber erzählen sie davon, wie sehr unterschiedlich das Essen in jeder Familie quer durch das 20. Jahrhundert in Deutschland gestaltet wird.

Manche Geschichten kann man nachkochen, doch alle Erzählungen dienen als Rezept gegen die falschen Bilder, mit denen Fernsehen, Zeitschriften und Werberomantik unsere Weihnachtssehnsucht aufgegriffen haben und in unrealistischer Perfektion erstarren lassen.

Die Erzählungen bilden, gerade weil sie immer einzelne Familien in ihrer Zeit ins Rampenlicht rücken, eine kleine Kulturgeschichte des deutschen Weihnachtsessens im letzten Jahrhundert. Und wenn sie häufig das Scheitern der besten Absichten schildern, bewahren sie dadurch den Gedanken an und die Sehnsucht nach dem vollkommenen harmonischen Mahl – als Utopie.

So gelingt es den Autoren, indirekt die zwölf Wünsche festzuhalten, mit denen wir uns jedes Jahr aufs Neue an der Festtafel niederlassen – und die die Besonderheit des deutschen Weihnachtsessens genauer beschreiben als manche Abhandlung. Denn das Wünschen gehört zu Weihnachten und die Hoffnung, die man nie aufgibt, zur Familie.

Unser liebenswertes Wunschdenken sieht in etwa so aus:

1. Das Essen kocht sich von allein. Hochgestimmt schreitet die Familie irgendwann zum festlich gedeckten Tisch.

2. Für die Köchin (seltener den Koch) ist, wenn es schon mühsam zubereitet werden muss, diese Arbeit ein Höhepunkt im Jahresablauf, die lustvoll, gewissenhaft und zum Wohle der weihnachtlichen Stimmung fröhlich erledigt wird.

3. Weihnachtsessen sind immer köstlich. (Kritik ist tabu. Das Ritual ist so mächtig, dass die Frage nach persönlichen Vorlieben oder Geschmack geschmacklos wäre.)

4. Das unausgesprochene Gebot von Punkt drei wird von allen, zumal den Kindern, verstanden und eingehalten.

5. Da es das magische Mahl der Familienharmonie ist, sind Missstimmungen von vornherein ausgeschlossen.

6. Familientradition ist quasi traditionell vorhanden. Dass in eine Ehe immer zwei Familientraditionen einfließen, ist unerheblich, dieser Machtkampf regelt sich von allein.

7. Erwachsene Kinder sehnen sich immer zurück an den traditionellen Tisch. Das gewohnte Essen ist ihnen heilig, Seelenspeise der Geborgenheit.

8. Die Flucht der erwachsenen Kinder vor diesem Ritual, seine Aufhebung in moderneren Formen der Gastlichkeit, gelingt reibungs- und mühelos.

9. Das deutsche Weihnachtsessen muss auch im Ausland auf den Tisch kommen, weil die Familie sonst ihre Identität verlöre. Und weil man andere Nationen mit deutscher Harmonie und Innerlichkeit begeistern kann.

10. Krieg und Not können diesem Festmahl nichts anhaben, vor allem für die Kinder muss für kurze Zeit eine heile Welt geschaffen werden. Kinder lassen sich leicht täuschen.

11. Harmonie und Großzügigkeit der weihnachtlichen Speisen begeistern auch Familienfremde.

12. Keine andere Mahlzeit ist von solch einer tiefen Dankbarkeit aller Teilnehmer geprägt wie das Weihnachtsessen.

Das sind die wenigen bescheidenen Wünsche, die wir an ein Weihnachtsessen haben.

Obwohl wir für gewöhnlich durch Erfahrung lernen und durchaus bereit sind, uns auf die Wirklichkeit einzulassen, bleiben zwei Bereiche davon ausgespart: die Liebe und das Weihnachtsessen. Und wie es über die, so selten ideale, Liebe viel zu erzählen gibt, ist auch das Festmahl ein Stoff, aus dem sich unendlich viele Geschichten spinnen lassen, weil die Sehnsucht nach dem idealen Familienessen uns – zum Glück – nie loslassen wird. Friede auf Erden und in der Familie und ein Wohlgefallen unter den Menschen und ein köstliches Mahl. Frohe Weihnachten.

Günter von Lonski

Rotkohlsuppe mit Rosinen

«So, Kinder, heute ist unser letzter Schultag vor den Weihnachtsferien, und da wollen wir ...»

«Fußball spielen!»

«Azeb, wir wollen eine Weihnachtssuppe kochen. Wer hat etwas für unsere Weihnachtssuppe mitgebracht?»

«Ich!» – «Ich!» – «Ich!» – «Ich auch!»

«Also alle!»

«Nö, der Musti hat nichts mitgebracht, weil er kein Weihnachten feiern darf.»

«Darf ich doch, du alte Petze!»

«Darfst du nicht, weil du gar nicht an den Weihnachtsmann glaubst!»

«Wir feiern sogar zweimal Weihnachten!»

«Wann denn?»

«An Weihnachten und an Weihnachten eben.»

«Kevin und Mustafa, jetzt ist aber gut. Kinder, kommt an den Tisch! Wer bist du denn?»

«Das ist mein Bruder Benni. Der geht eigentlich noch in den Kindergarten, aber da gibt es keine Weihnachtssuppe. Und weil er so geheult hat, musste ich ihn mit in die Schule nehmen, hat meine Mama gesagt. Ich kann nichts dafür.»

«Guck mal, Frau Schneider-Grotenson, der Rolf hat seinen Hasen mitgebracht.»

«Wen?»

«Ich hab gedacht, und meine Mutti hat auch nichts dagegen gehabt, wenn vielleicht von dem vielen Gemüse was übrig bleibt, brauche ich meinen Max heute Abend nicht mehr füttern.»

«Brauche ich ihn nicht *zu* füttern.»

«Du doch sowieso nicht!»

«Der Hase kommt aber nicht auf den Tisch!»

«Der ist ganz brav. Wenn ich sage: *Platz!,* dann frisst er auch nichts, ehrlich.»

«Rolf, ich will den Hasen nicht mehr sehen!»

«Na schön, ich setz ihn in den Papierkorb.»

«Haben wir sonst noch Gäste zu begrüßen? Clarissa, deine Stoffmaus ist kein Gast, die hast du doch immer dabei. Nun, Kinder, legt das Gemüse auf den Tisch. Nicht alles auf einen Haufen, schön verteilt, der Tisch ist groß genug.»

«Ist er nicht, da passt nicht mal mein Hase drauf!»

«Rolf!»

«Soll ich schon mal den Topf holen? Mein kleiner Bruder hilft mir beim Tragen.»

«Der Topf steht drüben im Schrank. Nehmt noch Daniel mit.»

«Der Topf hat aber bloß zwei Henkel.»

«Dann kann sich Benni reinsetzen, und wir tragen ihn.»

«Ich hole rasch selbst den Topf. Herbert und Ludmilla, fangt schon mal mit dem Waschen an, und die andern Kinder reichen das Gemüse an.»

«Mensch, sind die Möhren dreckig!»

«Und erst die Kohlrabi!»

«Frau Schneider-Grotenson, ich mag keine Gemüsesuppe. Meine Mama sagt, zum Weihnachtsfest gehört ein Gänsebraten!»

«Charlotta spinnt! Weihnachten wird Fondue gegessen!»

«Nein, Gänsebraten, sagt meine Mama.»

«Das kommt bloß, weil du keinen Vater hast!»

«Charlotta, hör auf zu weinen, und du, Torsten, halt den Mund!»

«Weiberwirtschaft, sagt mein Vater.»

«Herbert, was machst du denn da?»

«Er wäscht die Möhren mit Seife.»

«Und die Kohlrabi auch!»

«Sie sind alle schön sauber geworden.»

«Wenn du dir einmal die Hände so gründlich waschen würdest! Spül das Gemüse mit Wasser ab!»

«Igitt, da krabbelt was!»

«Huahh, ein Wasserratte!»

«Kinder, wir müssen das Gemüse noch schneiden.»

«Da krabbelt ganz viel im Wasser!»

«Wo?»

«Das sind bloß ein paar Blattläuse, die schmeckt man fast gar nicht.»

«Aber unterm Wasserhahn schwimmt ein riesengroßer Käfer!»

«Der Mörderkäfer greifen an, huahhh!»

«Azeb, du siehst zu viel Fernsehen!»

«Da krabbelt wirklich ein Käfer.»

«Lass mal sehen. Das soll ein Mörderkäfer sein? Das ist höchstens eine Tarantel!»

«Nein, Azeb, das ist ein Ohrenkneifer. Fischt ihn raus und setzt ihn auf die Fensterbank. Nun, wer traut sich? Du, Rolf?»

«Bevor mein Hase verhungert.»

«Igitt! Moment, ich nehme den Deckel vom Kochtopf. Torsten, du Ferkel, jetzt bin ich völlig nass.»

«Ich wollte den Mistkäfer doch bloß erschrecken.»

«Torsten, das ist kein Mistkäfer, ach was, das Kochbuch ist auch nass geworden. Fangt mit dem Kleinschneiden an.»

«Wir hätten lieber Plätzchen backen sollen, hat meine Mutter gesagt.»

«Bei uns werden Weihnachten auch immer Plätzchen gebacken.»

«Bei uns auch!» – «Und bei uns.» – «Wir backen auch.»

«Backen ist was für arme Leute, wir können uns die teuersten Plätzchen kaufen.»

«Weil deine Mutter nicht backen kann.»

«Meine Mutter kann doch backen!»

«Deinen Geburtstagskuchen konnte aber keiner essen. Den hätte nicht mal Rolfs Mörderhase runtergekriegt, so hart war der.»

«Der war ja auch vom Sonntag!»

«Schneidet bitte das Gemüse, sonst werden wir nie fertig! Toni, fang mit den Kartoffeln an.»

«Ich kann die Kartoffeln nicht schneiden.»

«Toni, stell dich nicht so an.»

«Meine Mama backt mit uns ein ganzes Lebkuchenhaus mit Zuckerguss und Smarties.»

«Autsch!»

«Jetzt hat sich Toni in den Finger gesäbelt!»

«Toni?»

«Ich hab doch meine Brille vergessen!»

«Ist ja nicht so schlimm, wasch dir rasch das Blut ab. Nicht über dem Gemüse! Nehmt erst die Schüssel aus dem Becken. Ines, geh mit Toni zum Hausmeister und holt ein Pflaster!»

«Ich brauche auch ein Pflaster!»

«Ich auch.»

«Ich will eine ganze große!»

«Ines, bringt den ganzen Verbandskasten mit. Sonja, warum weinst du, hast du dich auch geschnitten?»

«Der Heiko hat gesagt, dass mein Rotkohl nicht in die Suppe darf.»

«Heulsuse!»

«Meine Mutter hat gesagt, das andere Gemüse wäre einfach zu teuer, wo bei uns doch sowieso nichts Gescheites rauskäme.»

«Kinder, ich muss mich einen Augenblick hinsetzen, bitte löst das Problem allein!»

«Heiligabend gibt es bei uns nur Kartoffelsalat und Würstchen.»

«Bei uns wird nur gegessen und gegessen. Am meisten isst mein Opa. Der ist dann immer so voll, dass er sich bei der Bescherung nicht mehr nach seinen Geschenken bücken kann.»

«Meine Oma kann sich schon lange nicht mehr bücken!»

«Bei uns gibt es gar keine Bescherung.»

«Aber zweimal Weihnachten feiern!»

«Ich bin dafür, dass Sonjas Rotkohl in die Suppe darf. Schließlich ist sie Klassensprecherin!»

«Ich bin dagegen.»

«Du willst den Rotkohl doch bloß für deinen Hasen haben! Also hinein mit dem Rotkohl in die Suppe!»

«Aber doch nicht den ganzen Kopf auf einmal! Kommt, Kinder, bevor es ein Gemetzel wird, schneide ich euch den Kohl klein.»

«Der Papierkorb ist umgefallen.»

«Und der Hase von Rolf ist weg.»

«Gar nicht wahr, der sitzen in Schrank und fressen Zeichenblöcke.»

«Zu Hause kriegt jeder von uns einen bunten Teller mit Äpfeln, Nüssen und Plätzchen.»

«Auf die Äpfel kann ich verzichten, die nehmen doch bloß Platz weg.»

«Nun fang den blöden Hasen schon ein!»

«Der ist aber noch gar nicht satt!»

«Charlotta, warum meldest du dich die ganze Zeit?»

«Ich melde mich gar nicht!»

«Warum schnippst du dann so mit den Fingern?»

«Ich schnippse doch gar nicht.»

«Was machst du dann?»

«Sie zielt mit den Rosinen nach dem Kochtopf und hat auch schon ordentlich getroffen.»

«Die Rosinen sind vom Stollen übrig geblieben.»

«Weiberwirtschaft!»

«Torsten!»

«Ich hab doch gar nichts gesagt.»

«Moment, ich mach euch den Herd an und schütte das Wasser in den Topf. Wo sind die Brühwürfel?»

«Welche Brühwürfel?»

«Die lagen vorhin noch auf der Fensterbank.»

«Auf welcher Fensterbank?»

«Azeb, rück sofort die Brühwürfel raus!»

«Ich haben keine.»

«Azeb?»

«Die haben so gut geschmeckt. Aber ein halbe is noch in mein Hosentasche.»

«Lass ihn bloß drin.»

«Am Weihnachtstag gibt es bei uns gebackenen Karpfen. Der schmeckt lecker!»

«Toter Fisch, ich könnt kotzen!»

«Lass Petra sofort in Ruhe!»

«Petra und Herbert sind ein Liebespaar. Petra und Herbert sind ein Liebespaar!»

«Hört auf, euch zu prügeln! Kevin, hör auf! Kevin, du schreibst bis nach den Ferien zwanzigmal: Ich darf einen Mitschüler nicht in den Magen boxen.»

«Kann ich nicht, wir fahren in Schiurlaub.»

«Ist die Suppe denn noch nicht fertig?»

«Kochen ist langweilig!»

«Deshalb müssen auch die Frauen kochen!»

«Torsten, noch so ein Spruch, und du schreibst auch eine Strafarbeit.»

«Mach ich nicht, der Freund von meiner Schwester ist Rechtsanwalt.»

«Wo bloß Toni und Ines bleiben?»

«Ich kann sie sehen, Frau Schneider-Grotenson. Sie sitzen draußen auf dem Tischtennistisch und essen unsere Würstchen. Sie kommen bestimmt gleich rein, ich glaub, es war das letzte.»

«Kinder, unsere Weihnachtssuppe wird ein Festessen!»

«Toni und Ines kommen doch nicht rein. Sie gehen nach Hause.»

«Ich will auch nach Hause.» – «Ich auch.» – «Und ich!» – «Wartet, ich muss den Moritz noch einfangen!»

«Es muss geklingelt haben. Hier in der Küche hört man nie das Klingeln. Kinder, die Suppe ist auch bald fertig. Wollt ihr denn nicht bleiben? Wir wollten doch zusammen essen, Kinder. Frohes Fest, Kinder!»

Brigitte Raab

Schlagrahm zum Nachtisch

Den ganzen Tag war es nicht richtig hell geworden. Nun, gegen Abend, fallen die ersten Schneeflocken. Es ist eiskalt in der Küche. Um das festliche Essen am Abend vorzubereiten, haben Mama und ich über unsere eigenen Pullover und Jacken noch einen von Papas Pullovern gezogen. Oma hat sie vor dem Krieg für Papa gestrickt. Abenteuerlich sehen wir aus und können uns nur mühsam bewegen, so dick sind wir verpackt. Meine Finger sind trotzdem steif. Wir haben die hölzernen Läden vor den Fenstern geschlossen und von innen Verdunkelungspapier und eine alte, zerschlissene Wolldecke davor gehängt. Kein Lichtstrahl darf nach außen dringen. Es ist mitten im Krieg, und vom feindlichen Flugzeug aus soll man nicht sehen, wo Menschen wohnen. Deshalb muss an Weihnachten von halb fünf bis morgens um halb neun verdunkelt werden.

Wie schon seit vielen Jahren ist das Ehepaar Schmidt mit seinen immer hungrigen Kindern Peter und Helga eingeladen. Herr Schmidt ist Vaters Kollege und Bibliothekar wie er an der Nassauischen Landesbibliothek in Wiesbaden.

Der schwere Wohnzimmertisch aus geschwärzter Eiche, Jugendstil, sagt Mama, ist schon ausgezogen, und zu den sechs schwarzen, lederbezogenen Stühlen haben wir noch einen Küchenstuhl gestellt. Wir decken den Tisch wie zu Friedenszeiten mit weißer Leinendecke, geschliffenen Gläsern, Tannenzweigen aus dem Garten und zwei Kerzen, die wir aus

Schmalz und Rindertalg gegossen haben. Leider blaken und stinken sie so sehr, dass wir sie bald wieder löschen.

Nur die guten Bestecke, das sorgfältig gehütete Familiensilber, fehlen. Es war vor kurzem einem Bekannten mitgegeben worden, der es vor den Bombenangriffen in Sicherheit zu den Großeltern nach Franken bringen wollte. Dort aber kamen weder er noch seine Ladung jemals an, er verschwand spurlos.

Lebensmittel sind schon lange rationiert, es gibt zwar Lebensmittelmarken, aber nur mit Beziehungen oder im Tausch gegen begehrte Dinge wie Kaffee oder Zigaretten kann man das Mehl, den Zucker, die Milch bekommen, die darauf stehen. Wir alle sind ständig hungrig, unterernährt, sagt Mama. Papa sagt immer, eine Quelle für Kaffee oder Zigaretten hätten wir leider nicht. Das muss eine merkwürdige Quelle sein.

Schon lange im Voraus freuen wir Kinder uns auf dieses Essen. Einmal wenigstens in langen Wochen werden wir im warmen Zimmer spielen und uns satt essen können. Auch können wir uns dann einmal im Warmen gründlich waschen. Die Heizung im Haus ist schon seit Jahren nicht mehr in Betrieb. Nur im Wohnzimmer steht ein Ofen, der zur Feier des Tages mit Holz reichlich gefüttert wird. Es knistert und knackt, und Rauch quillt ins Zimmer, aber das stört uns nicht.

Auch die beiden kostbaren Briketts, die Schmidts mitbringen, sind diesmal nicht nötig. Anfang Dezember ist der Familie eine Buche im Wald als Winterbrand zugeteilt worden. Papa musste sich Urlaub nehmen, und mit der Hilfe von Freunden gelang es ihm unter großem körperlichen Einsatz und mit, wie er sagte, unzureichendem Werkzeug, den

Baum zu fällen. Jeden Tag war er im Wald, der unsportliche Bücherwurm, wie Mama ihn manchmal besorgt nennt, und versuchte, mit einer kleinen Handsäge den Stamm zu zerteilen. Wir Kinder mussten jedes abgesägte Stück auf dem Leiterwagen den langen Weg nach Hause transportieren. Solange unser Holz nicht in unserem Garten lag, musste nachts im Winterwald Wache gehalten werden, sonst hätten wir möglicherweise morgens keines mehr vorgefunden. Später sägte und hackte Vater dann mit meiner Hilfe jeden Abend nach der Arbeit, bis wenigstens ein kleiner Berg Scheite zusammengekommen war. Meine Schulter schmerzte lange vom ungewohnten Sägen, und es dauerte geraume Zeit, bis die dicken Blasen an der rechten Hand wieder verheilt waren.

Besonders Schmidts Peter ist immer hungrig. Ich erinnere mich, dass er im letzten Jahr acht große Klöße verdrückt hat. Darum hat Mama sich mit mir beraten, was es bei diesem Festessen an Sättigendem geben soll:

Linsensuppe, Kartoffelgemüse und Pilze, Hasenbraten und als Nachtisch Schlagrahm. Pilze hat es im Herbst reichlich gegeben. Wir haben viele Gläser gefüllt. Eines davon wird aus dem Keller geholt. Für die Erwachsenen hat Papa eine Flasche von seinem winzigen Weinvorrat spendiert, während uns Kindern ein Tee aus selbst gesammelten Brombeer- und Himbeerblättern zugedacht ist.

An die Mauer im Garten hat Papa schon vor Jahren Ställe für Hasen und Hühner gebaut. Wir Kinder müssen die Ställe sauber halten und die Hasen füttern. Grünfutter zu holen ist im Frühjahr, Sommer und Herbst kein Problem. Wir wohnen ja am Stadtrand. Dort gibt es genug Gras und Löwenzahn. Aber wir wissen alle, dass wir die Hasen nur füttern, um sie im Winter zu schlachten und zu essen. Nicht alle Hasen haben Namen. Bei denen, denen wir einen Namen gegeben haben, besonders bei dem weichen, anschmiegsamen schwarzen *Schnuppi,* fällt mir dieses Wissen besonders schwer. Und ausgerechnet der soll an Weihnachten verspeist werden. Ich war dabei, als Papa ihm einen Schlag auf den Kopf versetzte, und musste meinen Liebling halten, damit Papa ihm besser das Fell über die Ohren ziehen konnte. Obwohl ich sehr hungrig bin, kann ich später keinen Bissen davon essen, als ein köstlich duftender Schlegel mit brauner Soße auf meinem Teller liegt.

Als Mama die gekochten Kartoffeln für das Kartoffelgemüse würfelt und die Mehlschwitze zubereitet, riecht diese ganz seltsam. Aber Mama lässt sich nicht beirren, tut die Kartoffelwürfel in die kochende Soße. Beim Abschmecken stellt sich dann heraus, dass das weiße Pulver, das sie für Mehl gehalten hat und das ihr einziger Vorrat ist, kein Mehl gewesen sein kann. Durch Kälte und Feuchtigkeit hat sich an der Wand im Wohnzimmer ein großes Stück Tapete gelöst. Es ist schon mit Mehlkleister befestigt worden, aber der hat nicht gehalten. Als Papa seinen Kollegen in der Bibliothek von seinen Schwierigkeiten erzählte, gab ihm der Buchbinder eine braune Tüte mit Kleister, wie er ihn zum Buchbinden verwendet. Den hat Papa mit nach Hause gebracht, und Mama hat ihn für Mehl gehalten und in den Schrank geräumt. Komisch schmecken die Kleisterkartoffeln schon, aber wir sind hungrig, und so werden sie unter Gelächter gegessen. Nichts bleibt übrig.

Unsere Gäste bringen bei ihren Besuchen immer etwas Essbares mit. Diesmal sorgen sie mit «Schlagrahm» für den Nachtisch. Das Rezept verrät uns Frau Schmidt nur äußerst ungern:

Man koche einen Teelöffel Weizenmehl
und zwei Teelöffel Zucker mit einem Viertelliter Magermilch.
Das Ganze 24 Stunden möglichst kühl stehen lassen
und dann (lange) schlagen.

Peter bringt den Schlagrahm in einer großen Henkelkanne. Sie ist bis zum Rand gefüllt mit der leicht gesüßten Flüssigkeit. Er nimmt sich einen Stuhl, lässt sich Mamas große Backschüssel und einen Schneebesen geben und verschwindet im Mantel draußen auf dem Balkon. Bis die Masse endlich fest wird, muss er mindestens eine halbe Stunde schlagen, nicht ohne ab und zu den Finger hineinzutauchen und ihn abzulecken. Ich beneide ihn sehr.

Auch zum Plätzchenteller haben Schmidts beigesteuert, haben «Marzipankartoffeln» mitgebracht, geformt aus gekochten, geriebenen Kartoffeln und gewürzt mit einigen Tropfen künstlichen Mandelöls.

Als alle mit dem Nachtisch fertig sind, heben Erwachsene und Kinder ihre Tellerchen zum Mund und lecken sie aus, nicht ohne die anderen kurz anzugucken.

Nach dem Essen stürze ich mich mit Helga auf den Herd in der Puppenküche. Dieser Herd steht alle Jahre unter dem Weihnachtsbaum und verschwindet wieder, wenn der Baum zu nadeln beginnt und abgeräumt wird. Über einem Hindenburglicht, das wir im Keller noch gefunden haben, kochen wir einen Brei aus Babygrieß und richten ihn für Paul auf Puppentellerchen an. Er kann immer noch essen. Auch ein paar getrocknete Apfelschnitze gibt's dazu. Auf dem Holzofen liegt ein Bratapfel, der das ganze Zimmer mit seinem Duft erfüllt. Mama hat ein Restchen Zimtrinde in der Kaffeemühle gemahlen und darüber gegeben.

Wir spielen, die Erwachsenen sind in angeregter Unterhaltung, ab und zu wird gelacht. Sie sprechen beim Wein von köstlichen Rezepten aus Friedenszeiten, als meine kleine Schwester, die längst ins Bett gebracht worden ist, im Nachthemd wieder im Zimmer steht. Sie kommt zu uns Mädchen, die wir zum Kochen am Boden knien, fasst uns ins Haar, drückt die Daumennägel aufeinander und sagt dazu *knack*. Unsere Gäste schauen ihr lachend, aber irgendwie fragend zu. Papa aber steht schnell auf, greift sich die Kleine und bringt sie wieder ins Bett. Noch Jahre später hat Mama sich geniert zu erzählen, dass wir Kinder kurz zuvor eine Entlausungskur gemacht haben. Sie hat Nissen in unserem Haar entdeckt und sie zwischen den Fingernägeln zerdrückt.

Der Abend ist lang, und ich werde immer müder. Ich bin es nicht gewohnt, lange aufzubleiben. Dass Helga schon auf dem Sofa eingeschlafen ist, habe ich nicht bemerkt. Ich lege mich daneben, werde zugedeckt, und bald klingen die Gespräche der Erwachsenen nur noch wie ein ruhiges, fernes Geräusch in meinen Ohren. Die Frauen unterhalten sich, das ist das Letzte, was ich mitbekomme, über einen Brotaufstrich aus zwei klein geschnittenen Zwiebeln. Die soll man in einem Esslöffel Fett glasig werden lassen, acht Esslöffel Paniermehl hinzufügen, für zwanzig Pfennig Hefe hineinbröckeln, etwas Salz, Pfeffer und Majoran, so man hat, alles mit Milch verrühren und aufkochen. Es soll wie Leberwurst schmecken und lange reichen.

Ich werde erst wieder wach, als Familie Schmidt sich verabschiedet, wie immer weit nach Mitternacht. Ich laufe mit vor die Haustür. Da hat es aufgeklart, und der Himmel auf der anderen Rheinseite über Mainz ist von «Christbäumen» erhellt, von roten und grünen Leuchtkugeln, die im Niedersinken vom Wind sanft fortgetrieben werden. Geräusche von Flugzeugen sind zu hören. Während unsere Gäste durch den Schnee heimwärts stapfen, erscheinen am Himmel die hellen Wölkchen der Flakgeschosse.

Karin Günther

Is des Bäumsche net goldisch?

Ohne Oma klappt Weihnachten nicht. Vor zwei Jahren ist Mama die Gans verkohlt. Letztes Jahr war sie innen noch roh. Papa hat gesagt, in diesem Jahr gehen wir an Heiligabend essen, im Ausland machen sie das auch. Opa findet es schrecklich, dass das Essen an Heiligabend nicht zu Hause stattfindet, nur weil seine Tochter keine Gans hinkriegt. Letztes Jahr hat er so an der zähen Keule herumgezerrt, dass ich dachte, jetzt fliegt ihm gleich das Gebiss raus.

Und an Weihnachten traut sich ja keiner, über das Essen zu meckern. Bubi hatte es gut, ihm waren gerade vorher die Schneidezähne ausgefallen, und er hat einfach gesagt, dass er das harte Fleisch nicht beißen kann. Andererseits, wenn der mault, nimmt ihm das sowieso keiner übel. «Ein Mann muss sich durchsetze könne», sagt Papa dann immer.

Papa bestellt das Weihnachtsmenü für alle. Fleischsuppe, Vorspeisen-Salat, Gänsebraten mit Rotkohl und Klößen, Nachtisch. Für die Erwachsenen ist eine Flasche Pikkolo im Preis enthalten.

«Die Kinner zahle doch den halbe Preis, gell?» Kinder gehen nur bis zwölf, wenn ich die Speisekarte richtig gelesen habe. Ich bin schon vierzehn. «Papa, ich bin doch – aua!» Jemand hat unter dem Tisch gegen mein Schienbein getreten. Bubi würde sich das nicht gefallen lassen.

Das Restaurant «Braubachblick» in der Nähe von Papas Arbeitsplatz hatte eine Anzeige in der Zeitung, dass sie am

Heiligabend ein Weihnachts-Familienmenü anbieten. Papa fand das eine gute Idee, denn dort nehmen sie Essensmärkchen von seiner Firma.

Er hat einen ganzen Packen davon in der Brusttasche von seinem Jackett, und er sieht aus, als hätte er einen halben Busen.

«Paul, Vatter, der Sekt kommt!», sagt Mama. Papa nimmt eine Pikkoloflasche in die Hand, und sein Kopf läuft vom Hals herauf rot an. «Hör'n Sie mal», bellt er den Kellner an, «Sie glaube doch net, dass wir den Fusel hier trinke? Vor zwei Tage hab ich genau diese Flasche im Supermarkt für eine Mark neunundachtzig gesehe, und ich zahle nicht fünfundsiebzig Mark pro Person für das Weihnachtsmenü und lass mir dann so ein billige Dreck servier'n!»

Mama wird blass, der Kellner dreht die Augen zum Himmel und sagt nichts. Ich schäme mich so für Papa. Er versteht doch nur etwas von Bier. «Paul, mach bitte kein Zirkus!», sagt Mama und zupft ihn ein bisschen am Ärmel. «Lass mich in Ruh!», knurrt er und sagt dem Kellner, jetzt mit seiner normalen Stimme: «Bringe Sie uns einfach was Gescheites und nehme Sie des Gurgelwasser da wieder mit.» Der Kellner murmelt: «Kann's ja mal probieren», und sammelt die drei Pikkoloflaschen wieder ein. «Wieso nimmt der denn den Sekt wieder mit?», ruft Opa. «Der Sekt ist ganz schlecht, hat Papa gesagt!», brüllt ihm Bubi ins Ohr.

Die Leute am Nebentisch drehen sich um und schauen zu uns herüber. Am liebsten würde ich unter den Tisch kriechen.

«Melanie, Bubi, guckt euch doch mal des nette Christbäumsche an», versucht Mama uns abzulenken. «Is des net goldisch? Das Lokal is überhaupt sehr stimmungsvoll, gell?»

Also, ich finde das Bäumchen, das da mitten auf dem Tisch steht, absolut kitschig. Es passt zu der anderen Weihnachtsdekoration im Restaurant. Die Girlanden überall erinnern mich eher an Fassenacht als an Weihnachten. Der Tannenbaum am Eingang ist voll gehängt mit scheußlich glitzernden Plastikkugeln. Die elektrischen Lämpchen flackern künstlich und tun so, als würden Kerzen brennen. Oma fand elektrische Kerzen entsetzlich. «Da können wir uns auch gleich einen Plastikbaum hinstellen!», hat sie immer gesagt, wenn die Rede darauf kam.

Ich finde die Leute, die in der Nähe sitzen, total aufgemotzt. Wir selbst sehen auch irgendwie bescheuert aus. Mama wie Miss Piggy im schwarzen Kostüm, Papa und Opa mit dunklen Anzügen wie bei einer Beerdigung. Papa hat sein gutes Hemd fast nicht zugekriegt. Opas Anzug riecht nach Mottenpulver. Bubi sieht ganz witzig aus mit seiner Fliege. Ihm ist es sowieso egal, was er anzieht, er macht grundsätzlich alles dreckig.

Mama schaut mich an. «Schön siehst du aus!», sagt sie. Ich glaube, sie kann nichts dafür, sie findet dieses blöde Samtkleid mit dem weißen Spitzenkragen wirklich schön. Ich kann es nicht leiden, und bald passt es mir zum Glück nicht mehr. Hinten, Richtung Küche, ist ein Mädchen mit einer coolen Jeansjacke. Ich würde echt gern mit ihr tauschen.

«Hört doch mal, die Wiener Sängerknabe!», ruft Mama. Genau in diesem Moment hört der Chor auf zu singen, und es kommt eine Verkehrsdurchsage. «Ach, wie schade, jetzt tun sie die wege dem Verkehr unterbreche!» «Was?», ruft Opa. Bubi bellt ihm ins Ohr: «Sie haben die Wiener Sängerknaben wegen dem Verkehr unterbrochen.» Opa grinst. «Sind die net e bissje jung für Verkehr?» «Vatter, bitte, die

Kinner!», sagt Mama und wird ganz rot. Das war zu leise, und Opa kichert noch eine Weile über seinen tollen Witz. Ich kann es nicht leiden, wenn Opa so kindisch ist. Oma hat mir immer ein Lied vorgesungen, das ging ungefähr so: Ich hab Ehrfurcht vor schneeweißem Haar. Also ehrlich, ich bring das nicht.

Hab ich einen Kohldampf! Beim Italiener kriegt man wenigstens vorneweg ein Pizzabrot, aber hier in diesem so genannten Restaurant lassen sie dich glatt verhungern, und das am Heiligen Abend.

Da kommt der Kellner wieder angewackelt mit den gleichen Pikkoloflaschen wie vorher. «Der Chef hat gesagt, wir dürfen keine Kunden bevorzugen. Außerdem ist es ein französischer Sekt von einer sehr guten Qualität.» Papa wird wieder vom Hals her gefährlich rot und greift nach seinem Krawattenknoten. In Filmen sehen Männer manchmal so aus wie Papa jetzt, bevor sie den ganzen Tisch umwerfen. «Wenigstens ein Markensekt muss ja wohl drin sein!», tobt er. «Sofort soll der Geschäftsführer komme, das lasse wir uns nicht biete!» Wir wären besser zu Hause geblieben, mit Papa muss man sich immer schämen, er nervt mich total. Wir könnten längst was zu essen haben. Zu Hause trinkt Papa auch nur Bier, und jetzt macht er hier so ein Theater.

Mama wird immer kleiner auf ihrem Stuhl. «Guckt doch mal des schöne Christbäumsche auf dem Tisch. Is des net goldisch?» Wenn sie nicht bald damit aufhört, dreh ich durch.

«Warum trägt der denn eigentlich immer den Sekt hin und her, statt was zu esse zu bringe?», schnaubt jetzt der Opa. «Ich hab ein Hunger wie ein Bär.»

Gerade ist der Chef aus der Küche zu unserem Tisch gekommen. Das Küchentuch, das er um den fetten Bauch gebunden hat, sieht aus, als hätte er gerade erst die Gans geschlachtet.

Der Chef kennt Papa, weil der ab und zu hier in der Mittagspause das Sonderangebot isst. Nicht zu oft, denn er muss ja die Essensmärkchen für besondere Gelegenheiten sparen. «Guter Mann, verstehen Sie doch, dass ich nicht an Ihrem Tisch Champagner servieren lassen kann und woanders nicht.» Und etwas leiser: «Ich mache Ihnen einen Vorschlag: Sie bekommen als Stammgast eine Flasche Rotwein auf Kosten des Hauses. Sind Sie damit zufrieden?» «Und zwei Cola», ruft Bubi.

«Paul, mach jetzt kein Zirkus!», sagt Mama und zupft Papa am Ärmel. «Gut», sagt Papa, «aber wehe, die Gans is zu hart oder zu weich: Dann fliegt des ganze Zeug ohne Flügel wieder in die Küch! Und die Klöß hinterher!»

«Sie sind doch der Koch», ruft Opa, «gibt's denn hier auch was zu esse? Es ist nämlich Heiligabend.» «Ja, sofort», sagt der Chef und wischt sich über die Stirn. «Ich lasse Ihnen nur noch den Wein servieren, und dann geht's los.» «Und die Cola!», ruft Bubi ihm nach.

Der Kellner bringt den Wein und drei Gläser und auch die beiden Cola für uns. «Seit wann trinkst du denn Wein, Paul?», fragt Opa. «Seit er nix kost, Vatter, so einfach ist des. Hinnerher kann ich ja immer noch e Bier bestelle.» «Wein auf Bier lob ich mir, Bier auf Wein, das lass sein!», sagt Mama. Opa fasst sich ans Kinn und nickt, wie immer, wenn er nichts verstanden hat, und er versteht meistens nichts.

Endlich kommt die Fleischbrühe. Opa pustet kräftig hinein, es spritzt. Dann löffelt er seine Suppe mit lautem Schlürfen. Oma hätte ihm was gesagt.

«Ach, ist das nicht schön, die Wiener Sängerknabe», sagt Mama und summt leise «Es ist ein Ros' entsprungen» mit. Sie kann Opas Schlürfen nicht überdecken, und laut mitzusingen traut sie sich nicht.

An den Nachbartischen drehen sich die Köpfe zu uns. Opa kann seine eigenen Geräusche nicht hören. Und dass ihm etwas Suppe wieder aus dem Mund läuft, merkt er anscheinend auch nicht. Oma hat immer auf ihn aufgepasst. Ohne Oma ist unsere Familie gar keine richtige Familie mehr. Und Weihnachten kein richtiges Weihnachten.

Bubi mag seine Suppe nicht aufessen, und Papa wartet schon gierig darauf. Er setzt die Suppentasse an den Mund. «Papi, wetten, dass du die Tasse nicht auslecken kannst wie einen Teller», sagt Bubi, «du hast nämlich keine so lange Zunge.» Mama legt den Zeigefinger an die gespitzten Lippen.

Der Kellner räumt die Suppentassen weg und bringt jedem einen kleinen Salat. «Ich hab noch nie Weihnachtsgans mit Salat gegesse», knurrt Opa, «ich will Klöß und Rotkraut dazu.» «Selbstverständlich, mein Herr», antwortet der Kellner, «das kommt nachher zusammen mit dem Gänsebraten.» Bubi schreit Opa ins Ohr, was der Kellner gesagt hat, und ich merke wieder, dass uns die Leute an den anderen Tischen wahnsinnig interessant finden. Wenn ich hier nur verschwinden könnte!

Mama hat in der Zwischenzeit ein Schalterchen gefunden, mit dem man die Beleuchtung des Weihnachtsbäumchens einschalten kann. «Is des Bäumsche net goldisch?», fragt sie schon wieder. Am liebsten möchte ich dieses Bäumchen echt anzünden. Ich habe schon gar keinen Hunger mehr.

Da kommt der Kellner mit einem großen Tablett mit

einem Berg Gänseteile, einer großen Schüssel mit Klößen und einer Schüssel mit Rotkraut. Papa greift mit der Hand nach einer Keule, legt sie auf seinen Teller und leckt die Finger dann schmatzend ab, bevor er sich Klöße und Rotkraut nimmt. Mama fragt Opa, was für ein Stück er will, und Bubi übersetzt ihm die Frage nochmal direkt ins Ohr. Mama legt Opa alles schön auf dem Teller zurecht und schneidet ihm den Gänsebraten. Opa duckt beim Essen den Kopf ganz tief in den Teller, und ich denke, so merkt es wenigstens niemand, wenn ihm das Gebiss herausfällt. Wenn wir so essen würden, hätte uns Papa schon längst eine gescheuert.

Bubi mag keine Gans. «Ich will Pommes mit Ketchup!», ruft er. Mama geniert sich sehr, weil die Tischnachbarn rundum schon wieder die Köpfe nach uns drehen. «Es wird gegesse, was auf den Tisch kommt!», schreit Papa und schlägt mit der Faust auf die Tischplatte, dass die Teller zittern. «Paul, bitte, mach jetzt kein Zirkus!», sagt Mama, und sie zupft ihn am Ärmel. «Also gut», meint Papa, «ein Mann muss sich durchsetze könne. Ober, eine Portion Pommes mit Ketchup, aber e bissje plötzlich!»

Das Gänsefleisch sieht ganz fettig aus. «Ich würde auch viel lieber Pommes mit Ketchup essen!», sage ich. «Du bist doch kein Kind mehr», zischt Mama. «Und wieso hat Papa verlangt, dass er für mich den Kinderpreis zahlt?» «Du isst jetzt Gans, oder du gehst nicht mehr mit!», geifert mich Papa an, und sein Hals läuft wieder rot an. Ja, genau das würde mir sehr, sehr gut gefallen! Auf so eine Weihnachtsfeier kann ich nämlich gut verzichten.

«Herr Ober!», rufe ich laut, «bitte noch eine Portion Pommes mit Ketchup!» Papas Kopf sieht aus wie ein Riesentomatenluftballon, und ich würde jetzt gerne mit einer Nadel hineinstechen.

Omas Weihnachten war schön.

«Habt ihr gehört», sagt Mama, «grad habe sie im Radio durchgesagt, dass es wirklich die Wiener Sängerknabe war'n. Ach, ist das stimmungsvoll! Und des Bäumsche hier. Einfach goldisch! Es ist ja so ein schöner Abend.» «Nein!», sagt Bubi bestimmt. «Schön war es nur mit Oma. Hier gibt es ja nicht einmal Geschenke. Ich will jetzt heim.» Wenn ich das gesagt hätte, wäre sofort wieder der Teufel los gewesen. Bubi kann sich einfach alles erlauben.

Der Wein in der Flasche ist fast alle, und Papa und Opa angeln sich ein Stück Gänsebraten nach dem anderen von der Platte. Mama hat längst aufgehört, denn sie ist eigentlich auf Diät. Außerdem muss sie jede Portion von Opas Fleisch klein schneiden, und da ist sie gut beschäftigt. Papa bestellt sich jetzt Bier. «Und einen doppelten Korn, zur Verdauung!» Mama öffnet den Mund, als ob sie etwas sagen wollte, klappt ihn dann aber wieder zu.

Opa läuft das Fett über das Kinn und über die Hände, und Mama versucht ihn immer ein bisschen abzutupfen. Nachdem die Männer auch nichts mehr reinkriegen können, verlangt Papa von dem Kellner, dass er ihm den Rest einpackt.

Der Kellner räumt alles ab, bringt noch den Nachtisch, Obstsalat mit einem Sahneklecks, und in der Küche werden die restlichen Gänseteile für uns verpackt.

«Zahlen!», ruft Papa. Der Kellner bringt die Rechnung, und Papa studiert sie lange und umständlich. Er hält sie zuerst weit von den Augen weg und dann ganz nah. «Die Kinner habe doch nur Pommes gegesse. Wieso muss ich denn da trotzdem des Menü bezahle? Is des wirklich Ihr Ernst?»

«Nein, nein, mein Herr», sagt der Kellner, «sehen Sie, wir haben die Kindermenüs storniert.» Papa murmelt was vor sich hin, greift in seine Brusttasche und zählt sehr genau die Essensmärkchen seiner Firma ab. Mittendrin hat er vergessen, wie viele er schon abgezählt hat, und er fängt grade nochmal von vorne an. Der Kellner dreht die Augen nach oben und sagt nichts. Papa zählt und zählt. Er legt dem Kellner einen großen Berg Märkchen hin. Dann zählt er nochmals, diesmal aber nur wenige Märkchen. «Das ist für Sie», sagt er. Der Kellner blickt starr geradeaus. So geschämt habe ich mich noch nie.

Bubi schreit jetzt nur noch nach seinen Geschenken, und er will nach Hause. «Wir geh'n ja schon», knurrt Papa und holt die Mäntel und unsere Anoraks. Mama packt die Gänsereste, die in Alufolie eingewickelt sind, in eine Plastiktüte, die sie in ihrer Handtasche hat.

Wir sind gerade alle fertig angezogen, da kommt der Kellner hinter uns her gerannt, und er wedelt mit den Essensmärkchen. «Entschuldigen Sie, mein Herr», sagt er zu Papa, «aber dreiunddreißig Märkchen sind schon im vergangenen Jahr abgelaufen. Die können wir leider nicht akzeptieren.» Das find ich ja jetzt echt cool.

Inge Hosse

Butterkuchen

♈♈♈

«Wann hat uns der Bäcker ins Backhaus bestellt?»

«Am dreiundzwanzigsten Dezember, um neun Uhr in der Frühe.»

Ich habe die Backzeit geholt, also darf ich mitgehen zum Bäcker ins Dorfbackhaus, wo Mutter den Butterkuchen für das Weihnachtsfest backt. Er wird nicht im Küchenherd gebacken, zu Weihnachten geht Mutter damit ins Backhaus. Und der Kuchen gehört zum Weihnachtsfest dazu wie die Gans, der Tannenbaum und der bunte Teller.

«Das Mehl muss zum Wärmen in die Küche, und bring mir noch Hefe, Butter, Zucker und Milch.» Mutter ist ganz aufgeregt. «Juttas Mutter kommt morgen auch», sage ich, «und Jutta sagt, dass ihre Mutter immer die besten Kuchen backt, die tut noch Eier in den Teig.»

«So, so, tut sie das.» Mutters Augen werden zu Schlitzen. «Eier gehören nicht in den Butterkuchenteig, das ist reine Verschwendung. Man gibt sie nur zu Teig, der in Schmalz gebacken wird, damit er das Fett nicht so aufsaugt. Und nur weil man eine Hühnerfarm hat, sollte man die Rezepte nicht einfach verändern, basta.»

Am Vorabend des Backtages umwickelt sie ein Brikett mit Zeitungspapier und legt es vorsichtig auf die Glut, damit die Küche warm bleibt. Und dann legt sie noch zwei Eier zu den Zutaten.

Sie ist schon auf, als ich am anderen Morgen in die Küche

komme. In einer Schüssel neben dem warmen Herd blast eine graue, merkwürdige Masse. «Das ist die Hefe», sagt Mutter, «sie ist als Vorteig gegangen, siehst du, und ist jetzt doppelt so groß geworden wie zuvor.»

Dann schüttet sie den Zucker und die anderen Zutaten dazu und rührt mit klebrigen Fingern die Masse zusammen, bis sie zu einem Teig wird. «Er muss jetzt gut bearbeitet werden, sonst wird das Ganze nichts», sagt sie. Sie drückt ihn jetzt, reißt und zerrt, presst ihn gegen die Schüsselwand, pflückt ihn auseinander und schiebt ihn wieder zusammen, knetet ihn mit beiden Händen, schlägt ihn, als hätte er ihr etwas zuleide getan, und ist trotzdem sanft, klemmt ihn wie ein Brot zusammen, packt ihn schließlich und wirft ihn donnernd auf die Tischplatte – wumm. Sie selber schwitzt, ächzt, murmelt mit rotem Kopf: «Genug – jetzt ist er schön rund. Gib mir die Weidenkiepe und leg ein Kissen hinein.»

Dann legt sie ihn vorsichtig auf das Kissen. «Warm muss er bleiben, Kälte kann er nicht vertragen. Zieh die Stiefel an, es ist Schnee draußen, und hol den Schlitten. Vergiss auch die Kuchenbretter nicht.»

Sterne stehen am eisklaren Morgenhimmel, und der Frost beißt schmerzend in Nase und Wangen. «Ob viele Leute kommen?»

«Oh, das denke ich.» Mutters Stimme klingt erwartungsvoll. Sie freut sich, das weiß ich, denn nirgendwo sonst wird so viel erzählt, gibt es so viele Familiengeschichten zu hören wie im Backhaus zum Weihnachtskuchenbacken, wenn viele Frauen zusammenkommen. Es werden spannende Geschichten erzählt, und manchmal dürfen Kinder sie nicht hören.

«Und stell dich nicht hin und halt Maulaffen feil. Ah, das

ist ja Anna, sie hat ihre Magd mitgebracht, und da ist auch Gesche vom Renkenhof. Die Baronin kommt heute nicht selbst, sie hat ihre Großmagd geschickt.» Mutter kennt sie fast alle.

«Gesche hat immer viele Kuchen zu backen, siehst du die große Kiepe? Es gibt dort viel Gesinde, Tagelöhner, sie werden am Tisch verköstigt, wenn sie noch nicht verheiratet sind oder überhaupt nicht heiraten. Tagelöhner sein war früher ein hartes Los», sagt Mutter nachdenklich.

«Tante Kühnes Eltern waren auch Tagelöhner. Mit ihren Kindern zogen sie von irgendwo nach nirgendwo, immer dorthin, wo die Bauern Arbeit für sie hatten. Sie bekamen jeden Tag ihren Lohn, und wenn sie krank waren, bekamen sie nichts.» Ich habe es gern, wenn Mutter von früher erzählt.

Vater Rau, der Gespannführer vom Edelhof, läuft weiter vorne mit seiner Frau. Von dem weiß ich, dass er ein festes Arbeitsverhältnis hat, wie Vater sagt, auch wenn er ganz arm ist, weil er vierzehn Kinder hat. So wie de eine heiten deit, so süht de andere ut, sagt Vater oft, dat künnt se. Was er damit meint, verstehe ich nicht. Mutter sagt, dass es Gotteskinder sind, aber dass sie ganz ordentlich aussehen.

Bei mir ist Kalle Rau in der Klasse. «Lässt du mich abschreiben, ich kann die Rechenaufgaben nicht», hat er am Anfang zu mir gesagt. «Und was kriege ich dafür?», habe ich geantwortet. «Du kannst am Sonntag mitkommen, wenn wir am Hagenberg auf dem Stoppelfeld Mäusenester ausgraben.» Irgendwann hat es keine Mäusenester mehr gegeben, aber Kalle will meine Rechenaufgaben immer noch abschreiben. Dafür beschützt er mich jetzt vor Dieter, der immer zuschlägt. «Komm her, du feiges Schwein», sagt er dann immer und legt seinen Arm auf meine Schultern.

Wir hören die vielen Stimmen im Backhaus schon, bevor wir da sind. Drinnen ist ein Geschnatter, Lachen und Rufen wie in der großen Pause. «Warte, ich muss mir erst einen Platz suchen», sagt Mutter und geht zu den langen Tischen, die an den Wänden entlang aufgestellt sind und an denen die Frauen ihre Teige auspacken. Juttas Mutter ist direkt hinter uns gekommen. Sie setzt ihre Kiepe ab und schreit plötzlich. Der Teig ist aus dem karierten Geschirrtuch gequollen, in das er eingepackt war, und hat sich durch die Kiepe geschoben und klebt schon an ihrer grauen Strickjacke. «Ich wollte einen Bienenstich backen», jammert sie, «und nun so etwas.»

«Erst einen Haufen Eier hinein und dann noch Mandeln obendrauf», sagt jemand, «das wird ja immer schöner.»

Das ist Teufels Küche, denke ich, und der Bäcker sieht aus wie der Leibhaftige. Riesengroß ist er, holt mit einer Eisenkralle die Glut aus dem großen, flachen Ofen, wischt den Schweiß im Gesicht mit dem Handrücken klatschend auf den Steinfußboden und trocknet mit seiner karierten Schürze seine nackten, starken Arme ab. Dann schiebt er mit einem Holzschieber blitzschnell käsige Teigstücke in den glutheißen Ofen. So wird es den armen Seelen ergehen, denke ich, wenn sie für ihr böses Erdenleben in der Hölle schmoren müssen. Ich stelle mich dicht an das Glasfenster des Ofens, um den Teig brennen zu sehen. Aber es werden keine Aschehäuflein. Nach kurzer Zeit kommen braune, krustige Brotlaibe heraus.

Der Bäckermeister hat inzwischen die mitgebrachten Teigstücke ausgerollt und passt sie in große, flache Bleche. Sofort fangen die Frauen an, mit den Fingern Muster auf ihrem Teig zu formen und Butterstückchen oder Zucker oder Mandeln darüber zu verteilen.

Es ist jetzt ganz still im Backhaus, alle Frauen arbeiten angestrengt. Ein Weihnachtskuchen ist etwas ganz Besonderes. «Er muss gelingen», sagt Mutter, «ich darf mich nicht blamieren.» Jedes Blech bekommt ein Kennzeichen, muss nochmal kurz ins Regal zum Gehen und dann ab in den Ofen.

Rechts von Mutter arbeitet Frau Rau an ihren vier Kuchen, die sie genau und langsam mit Butter und Zucker belegt. Die Landarbeiter würden einen Teil von ihrem Lohn in Lebensmitteln bekommen, Deputat also, und müssen mit allem sparsam sein, sagt Vater. Vier Kuchen für sechzehn Personen ist wenig, finde ich. «Rein gar nichts», sagt Mutter, «vor allem, wenn sie im Wachstum stehen.» Mutter Rau wischt sich an der dicken Warbschürze ihre mehligen Finger ab, rückt an ihrer Brille und arbeitet weiter.

Links von Mutter hat Frau Lampe ihren Platz. Lampes haben keine Kinder, und ihr Kuchen ist immer ganz dick bestückt. Die Lamp'sche macht immer alles ganz besonders gut, sie ist perfekt, sagt Mutter, niemand kann ihr das Wasser reichen. Aber sie würde auch zu viele Ratschläge geben. Heute hat sie eine ganz weiße Schürze umgebunden. Sehr genau schaut sie von einer Frau zur anderen und auch auf die Bleche, die der Meister nach und nach aus dem Ofen holt. Dabei brüllt er die Kennzeichen, und die Frauen schreien zurück. «S Mitte.» – «Hier.» – «O rechte Ecke.» – «Hier.» – «Kreuz Ecke.» – «Hier.» Das ist Mutter. Sie hat Kreuz Ecke.

Der Meister löst den Rand vom Blech und schüttelt den fertigen Kuchen auf den Kuchenrost aus Holz. Sofort begießt Mutter ihn mit der Sahne-Eier-Mischung, sie hat auch noch Vanille dazugetan. Hm, wie das duftet, wie saftig der Kuchen jetzt aussieht. Im letzten Jahr hat Mutter das «Kreuz Ecke» überhört, und dann hat sie ihren Kuchen erst viel später in einer Ecke gefunden, da war er schon ganz kalt. Das Sahne-Ei-Gemisch hat wie eine traurige Pfütze auf dem Kuchen gestanden, und Mutter hat gesagt, dass für sie das Weihnachtsfest verdorben ist.

Frau Lampe ist ganz aufgeregt und schaut immer auf die Ofentür. «Ich möchte auf keinen Fall den richtigen Augenblick verpassen», sagt sie. Endlich schreit der Meister: «L linke Ecke.» «Hier», schreit Frau Lampe. Doch jetzt passiert etwas Schreckliches. Vielleicht war der Rand nicht richtig vom Blech gelöst, wie Mutter meint. Oder ein Ungemach hat das Backhaus gestreift, wie Frau Kloos sofort gesagt hat. Ich habe ganz deutlich gesehen, wie eine Gestalt vom Dach heruntergesprungen ist und dabei ihren Schwanz über das Fenster geschleift hat. Jedenfalls, der Kuchen verhakt sich, schlittert über den Kuchenrost und reißt mitten entzwei. «Oh, Gott, ausgerechnet Frau Lampe.» Eine Frau sagt, was alle denken: «Das kann doch nicht wahr sein.» Der Meister knurrt: «Der Teig war zu locker», dreht sich um, tut so, als wäre nichts passiert, und greift zum nächsten Blech. Starr schauen die Frauen auf den kaputten Kuchen, aber ich sehe, dass einige die Hand vor den Mund halten und lächeln. Die Lamp'sche wird knallrot im Gesicht. Mit ihrem Haarknödel auf dem Kopf sieht sie jetzt aus wie eine Weihnachtskerze. Wenn man jetzt ein Streichholz hätte, denke ich.

Aber Frau Lampe explodiert nicht. Sie tut etwas. Sie nimmt den Kuchen, tritt mit dem Fuß die Schwingtür des Backhauses auf und wirft ihn in hohem Bogen auf den Deckel der Regentonne, die da steht. Wir alle haben es gesehen. Dann ist sie einfach weggegangen.

«O Gott, o Gott, o Gott, na so etwas, und das in der Weihnachtszeit.» – «So etwas hat es noch nie gegeben.» Alle rufen und schütteln den Kopf. Da sehe ich, wie Vater Rau seiner Frau zuzwinkert und sagt: «Teuf op mick — ick bün gliegs wedder taurügge.» Und dann ist er auch verschwunden.

Jetzt trägt Mutter unseren Kuchen auch hinaus und stellt ihn, so wie er ist, auf den Schlitten. Es kommt mir vor, als wenn er leuchten würde, so satt und gelb sieht er aus. Ganz, ganz vorsichtig ziehe ich ihn über den Schnee nach Hause. Zum Glück schneit es nicht.

Dorothea Maschke

Das gehört zum Fest

Milchweißes Licht erfüllte das Zimmer, als ich heute früh wach wurde. Beim Zurückziehen der Vorhänge sah ich den ersten Schnee dieses Winters. Sofort musste ich an Weihnachten denken, dann, dass ich Pützchen zum Schneekehren bestellen müsste. Wir sind noch mitten im November.

Aus meinen sechzehn Rezepten für Weihnachtsgebäck und Konfekt habe ich mir eine Einkaufsliste zusammengestellt.

Frau Drömer von gegenüber half mir, die vier Einkaufstaschen zu tragen. Sie sagte, für ihre fünfköpfige Familie backe sie nur zwei Sorten Plätzchen, alles andere würde sie kaufen. Während ich Mandeln schäle, habe ich mir die alte Platte mit Weihnachtsliedern aufgelegt. Ich bin in Weihnachtsstimmung.

Abends lasse ich jetzt immer eine Kerze brennen. Wenn ich von meinen Spaziergängen zurückkomme, empfangen mich weihnachtliche Düfte.

Karl-Heinz schreibt:

Liebe Mama,

wir würden uns so freuen, wenn du dieses Jahr Weihnachten mit uns feiern wolltest. Ben und Mary haben schon deutsche Weihnachtslieder eingeübt. Auch in Neuseeland gibt es Tannenbäume. Wir stellen jedes Jahr einen auf, du würdest nichts vermissen! Maggie, ich und die Kinder warten auf deine Antwort.

Die Kinder schicken der unbekannten Großmutter Küsschen,

Maggie und ich umarmen dich und grüßen herzlich,

Charles.

Ich schreibe zurück:

Lieber Karl-Heinz, liebe Maggie, liebe Mary und lieber Ben,

herzlichen Dank für die Einladung! Doch das muss ich gleich sagen: Weihnachten in einem Land, in dem jetzt Sommer ist, kann ich mir überhaupt nicht vorstellen. Ich brauche nun mal die Stimmung, mit der die winterlich dunklen Tage die Wohnung so gemütlich machen.

Ich würde gerne mit euch Weihnachten feiern, wenn ihr bei mir wärt. Aber ich weiß ja, dass euch eine Reise jetzt wegen deiner beruflichen Verpflichtungen unmöglich ist. Dafür schicke ich euch wieder von meinem Weihnachtsgebäck, wenn alles fertig ist.

Seid alle umarmt und geküsst von eurer

Mama und Oma.

Das Winterwetter hält an. Die drei Kinder von Drömers haben im Garten einen Schneemann gebaut. Ich habe mir einen Adventskranz aufgestellt und einen geschmückten Kranz an die Wohnungstür gehängt. Der Kleinste von Drömers, ich glaube, er heißt Berti, fragte mich, ob bei mir schon Weihnachten ist. Ich habe ihnen eine Tüte Gebäck gegeben.

Gestern Abend, als ich zur Canastarunde ging, sah ich, dass die Kinder dem Schneemann Knöpfe aus meinen Schokoladenplätzchen gemacht hatten. Canasta spielten wir diese Woche bei Hanne. Sie stellte mir einen Mann vor, der ein Verwandter ihres Schwagers ist, Herrn Blohm. Er ist ein großer, schlanker Mann mit fast vollständiger Glatze und Brille, der mir höflich die Hand küsste. Hanne sagte, er suche für einige Zeit eine Wohnung, weil er vorübergehend für seine Firma in der Stadt arbeiten müsse, und in ihrer raschen Art fragte sie mich, ob das Apartment bei mir noch möbliert sei. Darauf wusste ich so schnell keine Antwort. Aber Herr Blohm überging die etwas peinliche Situation mit einigen höflichen Worten und verabschiedete sich. Ich konnte mich dann beim Spiel nicht so recht konzentrieren, hatte aber trotzdem Glück und gewann.

Beim Verabschieden an der Wohnungstür sah ich die Tüte mit Gebäck, die ich Hanne gegeben hatte, noch auf dem Garderobenschränkchen liegen.

Als ich heute mit meinen Einkaufstüten den Supermarkt verlassen wollte, entdeckte ich vor mir Herrn Blohm. Da fiel mir eine Tüte aus der Hand. Das Geräusch veranlasste ihn, sich umzusehen, er erkannte mich, hob die Tüte auf und begrüßte mich. Daraufhin nahm er mir auch die zweite Tüte ab und fragte, ob er mich in seinem Auto nach Hause bringen könne. Das nahm ich gerne an.

Tauwetter mit Regen trübt heute die weihnachtliche Stimmung. Der Schneemann im Garten gegenüber ist zusammengesunken. Die zerfließenden Schokoladenplätzchen färben seinen Bauch bräunlich. Während des Frühstücks musste ich wieder an Hannes Frage denken. Soll ich einen anderen Bewohner in mein Haus aufnehmen?

Ich habe wieder meine Weihnachtsplatte aufgelegt. Heute ist es schon um drei Uhr dunkel. So kann ich das Kerzenlicht genießen. Der Geruch der Pfefferkuchen durchzieht das Zimmer. Weihnachten mit einem Gast im Haus? Der Gedanke beginnt mir zu gefallen.

Hanne rief an:

«Wie ist das nun mit deinem Apartment? Rudolf ist bestimmt ein ruhiger Mieter, soll ich ihn dir mal schicken?»

Also gut.

Um fünf hielt das Auto von Herrn Blohm am Haus. Er stieg aus, und im Licht der Haustürlampe sah ich, wie er den Hut abnahm. Ich wartete, bis er schellte, bevor ich öffnete. Das Apartment hatte ich frisch geputzt, das Bett bezogen und Handtücher ins Bad gelegt. Ich konnte Herrn Blohm ansehen, dass es ihm gefiel. Er bemerkte auch den Teller mit Gebäck, den ich in das kleine Wohnzimmer gestellt hatte.

«Oh», rief er aus, «sind das jene köstlichen Kekse, von denen Sie Hanne mitgebracht haben?»

Wir einigten uns schnell. Morgen will er einziehen.

Heute Vormittag war ich beim Friseur. Fatima, die mich immer bedient, war nicht da; sie sei krank. Da habe ich der kleinen Blonden die Tüte mit Gebäck gegeben, das ich Fatima zugedacht hatte. An der Kasse hörte ich sie im Hintergrund des Ladens ihren Kolleginnen lachend etwas erzählen. Das Wort «Plätzchen» verstand ich.

Gegen sechs kam Herr Blohm. Er brachte nur eine Reisetasche mit. Ich fragte ihn, ob er etwas zum Abendessen brauche. Er wollte mit ein paar Kollegen zum Essen ausgehen.

«Gut», meinte ich dann, «da lade ich Sie für Sonntag zum Mittagessen ein.»

«Aber bitte, gnädige Frau, machen Sie sich doch keine Mühe», erwiderte er.

«Das ist keine Mühe, ich freue mich, wenn Sie am Sonntag um zwölf zum Essen kommen.»

Das ist also abgemacht. Sonntag ist der erste Advent.

Ich hatte den Tisch mit dem Adventskranz geschmückt

und das alte Geschirr mit den Weihnachtsmotiven herausgeholt. Herr Blohm kam pünktlich, er brachte gelbe Tulpen mit, meine Lieblingsblumen. Das sagte ich ihm, er wurde etwas verlegen. Als er dann die Tafel sah, staunte er über das Geschirr:

«So etwas findet man ja heute nur noch in Schlössern», rief er aus.

Während wir die Spargelcremesuppe aßen, erzählte ich ihm, dass das Geschirr von der Großmutter meines Mannes stammte. Ich hatte ein einfaches Menü zusammengestellt. Nach der Suppe gab es Rinderrouladen mit Mischgemüse und Salzkartoffeln, danach Obstsalat. Er nahm nur einmal von allem, doch er lobte das Essen. Als wir beim Obstsalat waren, hatte er mir einiges aus seiner Lebensgeschichte erzählt. Er ist geschieden, hat eine Tochter, die in Hamburg arbeitet. Hier in der Stadt sei er noch fremd. Zum Abschluss sagte er:

«Gnädige Frau, darf ich mich dann für dieses wohlschmeckende Essen so revanchieren, dass ich Sie an einem der nächsten Sonntage zum Essen ausführe?»

«Aber, lieber Herr Blohm», rief ich aus, «wo könnte es denn gemütlicher sein um diese Jahreszeit als in einer heimeligen Wohnung, wo man in aller Ruhe essen kann? Nein, nein, kommen Sie doch am nächsten Sonntag einfach wieder zum Mittagessen. Ich koche wirklich gern. Und einladen können Sie mich dann nach Weihnachten!»

Er senkte die Augen und blickte in die Ecke, in der immer der Weihnachtsbaum steht, dann räusperte er sich, bevor er erwiderte:

«Vielen Dank, ich weiß nicht, ich habe sehr viel zu tun in nächster Zeit –»

«Eben deshalb», unterbrach ich ihn, «da brauchen Sie sich wenigstens um das Essen nicht zu kümmern. Sonntag um die gleiche Zeit ist das Mittagessen fertig.»

Er verabschiedete sich.

Heute, Dienstag, fand ich einen Brief in meinem Briefkasten. Herr Blohm schrieb, dass er leider am Sonntag nicht zum Essen kommen könne. Sein Chef brauche ihn für eine wichtige Arbeit. Nun, die Einkäufe für das Sonntagsessen habe ich noch nicht gemacht.

Die ganze Woche habe ich Herrn Blohm nicht gesehen. Er muss wohl morgens sehr früh aus dem Haus gehen. Abends sah ich nur einmal sein Auto ankommen. Als ich in den Hausflur ging, kam er schon wieder aus seiner Wohnung. Er grüßte und verließ wieder das Haus.

All meine Backwaren, der Stollen und das Konfekt sind fertig. Das Paket nach Neuseeland habe ich abgeschickt. Jetzt kann Weihnachten kommen.

Gestern traf ich Herrn Blohm, als er abends ins Haus kam.

«Sie sind ein sehr fleißiger Mann, Herr Blohm», sprach ich ihn an, «aber Weihnachten werden Sie ja wohl nicht arbeiten müssen. Ich mache zum ersten Feiertag eine Gans, das lohnt sich nicht für eine Person. Hiermit lade ich Sie also zum Mittagessen am ersten Feiertag ein.»

«Oh, bitte, aber ich mache mir nichts aus Gans», antwortete er.

«Dann mache ich eben etwas Leichtes», bot ich an.

«Ich weiß auch nicht, ob ich am ersten Feiertag in der Stadt bin», wandte er ein.

«Noch besser», kam ich ihm entgegen, «am Heiligen Abend mache ich Forelle blau. Das ist leicht und doch festlich. Seien Sie einfach, sagen wir, um sechs bei mir. Dann machen wir es uns richtig gemütlich. Wenn auch die Bescherung bei uns ausfällt», lachte ich.

«Danke», murmelte er und neigte den Kopf und sagte etwas, was ich nicht verstand. Er ging in seine Wohnung.

Der Tannenbaum ist geschmückt. Im Radio spielen sie schon seit dem frühen Morgen Weihnachtslieder. Leider liegt kein Schnee, aber bei dem gedämpften Tageslicht kann ich schon morgens die Kerzen anzünden. Dann lege ich die Zutaten für das Abendessen in der Küche auf die Arbeitsplatte: zwei frische Forellen, die Butter, eine Zitrone, frische Kartoffeln und den Kopfsalat.

Die Zubereitung der Weihnachtsforelle ist mir, wie meiner Mutter vor mir, ein lieb gewordenes Ritual.

Ich salze die gewaschenen und ausgenommenen Forellen nur innen, lege sie auf eine herrliche Porzellanplatte, auf der die Fische auch serviert werden können. Eine halbe Stunde vor dem Essen übergieße ich die Forellen mit heißem Essigwasser und schiebe die Platte auf den Rost im vorgeheizten Backofen. Darunter stelle ich die Fettpfanne mit Essigwasser. Die Fische brauchen nicht lange, nur zwanzig bis dreißig Minuten, bis sie gar sind. Das erkenne ich daran, dass sich die Rückenflosse leicht herausziehen lässt. Dazu reiche ich Zitronenbutter.

Ein Viertelpfund Butter rühre ich schaumig und gebe tropfenweise den Saft einer halben Zitrone und die abgeriebene Schale dazu. Die Butter kommt in den Kühlschrank, dann lässt sie sich später gut ausformen. Hierfür nehme ich die kleinen Tannenbaumformen, die ich von meiner Mutter habe.

Schon mittags hatte ich den großen Tisch im Esszimmer mit meinen Weihnachtsdekorationen geschmückt. Um halb sechs schiebe ich gerade den Fisch in den Ofen, da geht die Haustür. Ich eile ans Fenster. Mit seiner Reisetasche in der Hand verlässt Herr Blohm fast rennend das Haus. Als ich die Tür erreiche, fährt sein Auto ab. In meinem Briefkasten finde ich einen Brief. Er enthält einen Scheck für die Miete und die Wohnungsschlüssel.

Carola Volkmann-Wetzel

Ravioli

Er liegt auf seinem Bett und versucht sich auszumalen, wie das Weihnachtsfest in diesem Jahr wird. Auf seine Fragen hat ihm seine Mutter mit den knappen Worten geantwortet:

«Der Opa kommt.»

Ja, warum denn das? Was will der Weihnachten bei uns?

Da spricht seine Mutter schon weiter: «Er hat mich überhaupt nicht gefragt, ob es mir recht ist.» Ihre Stimme klingt schrill. «Er hat sich einfach eingeladen. Und das Schlimmste ist, dass er eine Gans mitbringen will, denn Weihnachten ohne Gans ist für ihn kein Weihnachten, sagt er.» Sie zieht die Augenbrauen so stark zusammen, dass sie sich in der Mitte der Stirn fast treffen.

«Ob mir das recht ist, ist ihm völlig egal. Soll er doch zu seinem Sohn gehen. Seit wann geht ein Schwiegervater zu seiner Ex-Schwiegertochter, wenn er einen Sohn hat?»

Er weiß, dass seine Mutter den Opa eigentlich mag. Sie lädt ihn sogar manchmal zum Essen ein, obwohl sein Vater nicht mehr bei ihnen wohnt.

Nur an Weihnachten scheint der Opa nicht willkommen. Das liegt bestimmt an dem neuen Lover seiner Mutter.

Die Gans wird nicht nur für die Mutter, sondern auch für den Jungen ein Problem. Er wird sie riechen müssen, wenn sie im Ofen brät, und, was viel schlimmer ist, er wird sie sehen.

«Hast du dem Opa nicht gesagt, dass ich kein Fleisch esse?»

«Das ist dein Problem, nicht meins. Mein Problem ist, dass er sie sogar hier in meiner Küche zubereiten will.»

Von ihrer Seite ist im Moment keine Unterstützung zu erwarten. Es ist besser, er zieht sich in sein Zimmer zurück.

Dort dreht er seine Musik laut auf, wirft sich aufs Bett, schließt die Augen und stellt sich voll Abscheu die nackte, tote Gans vor, was ihm gut gelingt.

Am Weihnachtsmorgen klingelt es laut und ausgiebig in seine Träume. Das kann nur der Großvater sein, der ihm das Weihnachtsfest vermiesen will. Er hört die überfreundliche Stimme der Mutter: «Was für ein schönes Tier. Ach, du willst sie wirklich selbst zubereiten? Das ist ja ganz prima, dann gehe ich in der Zwischenzeit die paar Kleinigkeiten einkaufen, die mir noch fehlen. Sag Timo, er soll sich seinen Tee mal selbst machen und auch was essen.»

Er lässt sich Zeit. Im Moment versäumt er noch nichts. Gespannt ist er nur, ob sich die Freundlichkeit der Mutter über den ganzen Tag halten wird. Wenn nicht, kann er sie ja trösten. Falls sie es zulässt. Er seufzt. Weihnachten ist so ziemlich das Schlimmste, was er sich vorstellen kann. Aber Weihnachten mit einem Gans bratenden Opa, das ist der absolute Horror.

Eigentlich riecht das ja ganz gut, was da so in feinen Schwaden aus der Küche in sein Zimmer zieht. Er geht nachsehen. Die Gans schmurgelt tatsächlich im Ofen. Seine Mutter steht vor dem Abwaschbecken.

«Dieser Dreck hier, dies viele Geschirr, das der Mann benutzt hat, nur um diese blöde Gans endlich in den Ofen zu bekommen. Wer soll das jetzt wegspülen? Ich natürlich. Da will er mich angeblich entlasten und hinterlässt mir solch eine Schweinerei. Sieh dir bloß den Fußboden an. Sogar dort ist alles voller Fettspritzer. Den kann ich jetzt auch noch putzen.»

Der Junge überhört den schrillen Ton und fragt: «Warum sagst du das nicht dem Opa und lässt es ihn selber sauber machen?»

«Ach, halt den Mund, deine Ratschläge haben mir gerade noch gefehlt.»

Er hat allmählich genug von seiner Mutter. Aber etwas muss er dennoch wissen:

«Und was bekomme ich heute Abend zu essen?»

Sie sieht ihn nicht an: «Man kriegt nur das, was man sich selbst macht!»

So, jetzt weiß er es.

«Lass deine Wut doch nicht an mir aus. Immer ist an Weihnachten eine schlechte Stimmung. Wenn das so weitergeht, geh ich ins Bett.» Er nimmt die Klinke der Tür nicht in die Hand. Krachend schlägt sie hinter ihm zu. Aus dem Wohnzimmer hört er ein jähes Aufschluchzen. Es ist aber nur der Opa, der in seinem Mittagsschlaf aufgeschreckt worden ist.

In seinem Zimmer stellt er den Fernseher an und schaut nach der heilen Welt anderer Leute, die sich im Kerzenschein anstrahlen, vornehme, feine Kleider anhaben und ein friedliches, harmonisches Fest feiern. Und immer strahlen zwei Kinder unter dem Weihnachtsbaum. Er aber ist allein. Er hat nichts. Niemanden.

Später ruft ihn seine Mutter. «Nun komm, sei nicht beleidigt. Ich war wohl ein bisschen heftig vorhin. Wir wollen jetzt schön essen und anschließend bescheren.»

Sie fährt ihm durch die Haare, er aber dreht den Kopf weg. Soll sie doch sehen, wo sie mit ihrem Heile-Welt-Spielen blieb. Bei ihm nicht.

Die Gans liegt braun und klagend, zwei Beine steif in die Luft gereckt, auf einer Platte. Der Großvater steht vor ihr und beginnt sie zu zerteilen. Die Geflügelschere knackt sich einen Weg durch den Körper und teilt ihn in zwei Teile, die sanft auseinander fallen. «Das ist Sache des Mannes, mein Junge. Merk dir das mal für später.»

Als der Großvater ihm ein Stück Fleisch auf den Teller geben will, schreit der Junge auf. «Du weißt, dass ich das nicht esse.»

«Ach was, stell dich nicht so an. Wenn du schon so viel Hunger gehabt hättest wie ich in meinem Leben, würdest du Gott auf den Knien danken, so etwas Schönes essen zu dürfen.»

«Immer ärgerst du mich. Ich esse nur Rotkraut und Püree.»

Er sieht, wie der Großvater seine falschen Zähne in das Fleisch schlägt, und hofft, dass das Gebiss darin hängen bleibt. Die Hoffnung erfüllt sich nicht. Nur das Fett läuft ihm am Kinn herunter. Und jetzt greift er auch noch mit seinen schmutzigen Fingern zum Weinglas und trinkt es mit einem Zug leer.

Er schaut zu seiner Mutter.

Auch seine Mutter isst von der Gans, aber sie sieht nicht glücklich dabei aus.

Er findet, sie ist selber daran schuld. Schließlich hätte sie ja bloß dem Großvater absagen müssen. Dennoch tut sie ihm Leid.

«Als ich in deinem Alter war, hätte ich mich gefreut, eine Gans essen zu können. Aber damals war Krieg, und es gab fast nichts.»

Gelangweilt schaut der Junge seinen Großvater an. Er hat die Geschichte schon so oft gehört, dass es ihm nicht mehr gelingt, wenigstens höfliches Interesse zu heucheln.

«Ich weiß, und dann wärst du beinah gestorben, und deswegen hast du nur noch einen halben Magen. Dafür isst du aber ganz schön viel.»

Er hört das hektische, kurzatmige Lachen der Mutter und weiß, dass ihr sein Benehmen peinlich ist. Lustlos stochert er in dem fettig glänzenden Rotkohl und sieht voll Ekel, wie sich die lilafarbene Rotkohlbrühe mit dem weißen Püree mischt.

Es klingelt. Der Junge springt sofort auf und stürmt zur Tür. Vor ihm steht der Lover seiner Mutter, der ihm mit breitem Lächeln die Hand hinhält.

«Wir essen gerade.»

«Ach, das tut mir aber Leid. Vielleicht kannst du trotzdem deine Mutter mal kurz rausrufen.»

Bei den Worten «Es ist dein Lover» springt seine Mutter sofort auf und eilt zur Tür. Im Vorbeirauschen gibt sie ihm eine Ohrfeige.

Er schleicht zur Tür und öffnet sie einen Spaltbreit. Seine Mutter hängt im Arm ihres neuen Freundes wie eine Schiffbrüchige. «Gott sei Dank, dass du kommst. Der Junge ist so frech, und mein Schwiegervater trinkt so viel. Ich bin so unglücklich. Und das alles an Weihnachten.»

Der Mann flüstert: «Habt ihr schon beschert? Dein Geschenk hast du ja schon, aber hier ist noch etwas für deinen Sohn.»

Na gut, wenn das so ist, dann kann der Lover bleiben.

Als seine Mutter mit dem Mann hereinkommt, stellt sie ihn dem Opa als alten Bekannten vor, der nur mal auf einen Sprung vorbeigekommen ist, um ein schönes Fest zu wünschen.

Dem Opa ist alles recht, er bekommt sowieso nicht mehr viel mit.

Es klingelt schon wieder. Dieses Mal steht sein Vater vor der Tür, der ihm zwar nicht die Hand gibt, dafür aber drei prachtvolle große Pakete. Auch er fragt: «Habt ihr schon beschert?», fügt aber außerdem noch hinzu: «Seid ihr mit dem Essen schon fertig?»

Der Junge schüttelt den Kopf und sagt: «Ich dachte, du feierst mit deiner Freundin und kannst daher erst morgen kommen?»

«Gut aufgepasst, mein Sohn, das wollte ich auch. Aber dann musste sie plötzlich doch zu ihren Eltern fahren, und da dachte ich, du würdest dich freuen, wenn du heute schon deine Geschenke von mir bekommst.»

Der Junge blickt auf die Pakete, die er noch immer in beiden Händen hält. Sie sind alle drei mit dem gleichen Papier eingepackt. Also ist er nur in einem Geschäft gewesen. Wie praktisch. Er stellt die Geschenke in die Ecke im Flur.

«Geh doch ins Wohnzimmer. Mutter hat zwar Besuch von ihrem Lover. Aber das wird dich ja nicht stören, oder?»

Der Junge geht in die Küche. Es wird jetzt niemandem mehr auffallen, wenn er nicht in das Wohnzimmer zurückkommt. Er öffnet eine Dose mit Tomatenravioli ohne Fleisch, erhitzt sie und trägt das Essen in sein Zimmer. Als er den Gang überquert, hört er das Gegröhle der drei Männer, die sich wohl gerade zuprosten.

In seinem Zimmer setzt er sich auf das Bett, stellt den Topf auf ein Kissen über seinen gekreuzten Beinen, macht den Fernseher an und schaut zum zweiten Mal an diesem Tag, wie andere Leute Weihnachten feiern.

«Die sollten mal zu uns kommen», murmelt er, «die würden staunen.»

Er hört, wie seine Mutter im Flur ruft: «Bescherung!»

Kurt Baumbusch

Rehbraten

ᛁᛁᛁ

Dreiundzwanzigster Dezember 1944. Langsam poltert der Zug in den Bahnhof und hält dann mit einem Ruck. Eine Stimme ertönt schnarrend aus einem Lautsprecher: «Frankfurt am Main, Hauptbahnhof.»

Die Türen öffnen sich, etwa achthundert Jungen und Mädchen stürzen heraus. Sie haben kleine Koffer oder große Rucksäcke dabei. Mehrere Schilder an den Waggons verkünden «Sonderzug Kinderlandverschickung – Frankfurt am Main».

Langsam bildet sich eine Vielzahl von Gruppen, die von älteren, zumeist männlichen Personen Instruktionen erhalten.

«Bitte mir folgen», sagt Dr. Gloger, der Lateinlehrer, und unsere Gruppe, etwa zwanzig Jungen im Alter von zwölf bis dreizehn Jahren, trottet hinter ihm her. Am Seiteneingang des Bahnhofs erwartet uns ein alter Bus.

«Also, wie bereits im Zug besprochen», sagt Dr. Gloger, «der Bus bringt eure Koffer jetzt nach Oberreifenberg im Taunus, in das alte Schullandheim. Ihr bekommt jetzt alle etwas Taschengeld. Wer möchte, kann sofort mitfahren. Wer aber zuerst zu seinen Eltern in Frankfurt will, kann sie jetzt besuchen. Nach den Weihnachtsfeiertagen erwarte ich dann alle in unserem neuen Lager in Oberreifenberg.»

Ich nehme meinen Rucksack und gehe mit den Jungen, die in Frankfurt bleiben wollen, auf den Bahnhofsvorplatz.

Erschrocken blicken wir uns um. Von den großen Häusern rings um den Platz sind nur noch Trümmer übrig. Auch das Schumann-Theater gibt es nicht mehr.

Dort war ich einige Male mit meinen Eltern. Begeistert war ich vor allem von einem Clown namens Charlie Rivel, der überall Akrobat Schööön heißt, weil er Fragen immer wieder mit einem lang gezogenen «Schööön» beantwortet.

Ich steige in die Straßenbahnlinie 12.

Unterwegs sehe ich eine Menge zerstörter Häuser. Ich muss daran denken, wie vor einem Jahr bei einem Luftangriff auch unsere Schule von zwei Bomben getroffen worden war. Kurze Zeit später reiste ich dann mit vielen Frankfurter Schülern und Schülerinnen in einen kleinen Ort im Osten des Reiches. Man glaubte, dass wir dort vor Luftangriffen sicher sein würden. Der Unterricht in dem Lager war spärlich, da viele Lehrer an der Front waren. Als die russischen Armeen sich näherten, wurden wir mit dem Sonderzug zurückgebracht.

Nun sind wir also wieder in Frankfurt, und ich werde bald wieder in unserer Wohnung sein.

Unterwegs muss ich immer wieder an Karin denken, meine Freundin aus dem Berliner Mädchenlager. Karin hat große, dunkle Augen. Wir waren, so oft es ging, zusammen und sehr ineinander verliebt.

Die Berliner Schülerinnen waren bereits im Oktober in ihre Heimat zurückgebracht worden. Ich hatte sie zum Bahnhof begleitet. Wir haben uns versprochen, dass wir uns immer treu bleiben würden und ich sie sofort nach Kriegsende in Berlin besuchen würde.

«Rebstock», verkündet der Schaffner und reißt mich aus meinen Gedanken. Ich steige aus und eile mit langen Schritten in Richtung unserer Mietwohnung in der Franken-Allee. Jetzt bin ich wirklich sehr ungeduldig. Ich stelle mir die Überraschung meiner Mutter vor, die gar nicht weiß, dass ich wieder da bin.

Endlich bin ich nur noch zweihundert Meter von dem Haus Nummer 216 entfernt. Da bleibe ich wie erstarrt stehen.

Das darf doch nicht wahr sein! Anstelle der gewohnten Fassade gibt es nur einen grauschwarzen Trümmerhaufen.

Plötzlich ertönt wieder dieser bedrohliche Heulton. Oh, mein Gott – es geht schon wieder los. Die Sirenen verkünden Fliegeralarm. Ich eile zu dem einzigen Bunker in unserem Viertel. Vor dem Eingang steht ein dicker, alter Mann, der eine Armbinde mit der Aufschrift «Blockwart» trägt.

Er schreit mich an, weil ich einen Rucksack bei mir habe. «Verdammich, des is doch verbode», brüllt er. In mir steigt eine Riesenwut auf, und ich donnere den Rucksack auf den Bürgersteig, auf dem sich die Schutzsuchenden drängeln. Wir hören die Flak. Die Leute fangen jetzt an zu schreien und zu schubsen. Ich brülle zurück, dass ich gerade erst aus der Kinderlandverschickung zurückgekommen sei. Da ruft ein alter Mann, der aussieht, als ob er immer noch Bäume fällen würde, dass man mich doch den «blede» Rucksack mitnehmen lassen soll. Darauf gewährt der Blockwart mir gnädig eine «Ausnahmegenehmigung» für den Rucksack.

Der Alarm ist vorbei. Was nun? Ich muss schnellstens etwas über das Schicksal meiner Mutter erfahren. Mir fällt plötzlich Herr Lange ein. Er ist ein alter Mann, ein langjähriger Bekannter meiner Eltern, und er wohnt ganz in der Nähe. Hoffentlich steht sein Haus noch. Es steht. Ich klingele. Er öffnet und ist sehr überrascht, mich zu sehen.

«Mensch, Kurt, seit wann bist du denn wieder in Frankfurt?», fragt er mich. Ich erzähle und frage nach meiner Mutter.

«Ich glaube, sie ist zu deinen Großeltern gefahren», erwidert er. «Aber mit Sicherheit kann ich das nicht sagen. Es ist auch nicht mehr möglich zu telefonieren, die Bomben haben die Leitungen zerstört.»

Die Großeltern wohnen in Schlitz, einer kleinen Stadt in Nordhessen. «Wie komme ich jetzt dahin?», frage ich Herrn Lange. «Das ist sehr schwierig», antwortet er, «denn es fährt nur noch ganz selten ein Personenzug in diese Richtung. Aber ich mache dir einen Vorschlag. Ich habe noch ein altes Fahrrad im Keller. Das kannst du dir leihen und versuchen, damit nach Schlitz zu kommen. Für heute aber übernachtest du erst einmal bei mir.»

Herr Lange gibt mir eine Landkarte, und ich markiere meine Wegstrecke. Sie führt zunächst nach Hanau, dann über Gelnhausen, Wächtersbach, Schlüchtern, vorbei an vielen kleinen Orten nach Bad Salzschlirf, und von dort sind es nur noch wenige Kilometer bis Schlitz.

Am 24. Dezember, frühmorgens, mache ich mich auf den Weg. Zu meinem Glück hatte es nicht geschneit, und das Wetter ist für die Jahreszeit sehr mild.

Ich komme die ersten Kilometer gut voran. Bald habe ich Frankfurt hinter mir gelassen. Kurz hinter Gelnhausen winkt mich ein Bauer heran. Er empfiehlt mir, diese Landstraße nicht weiter zu benutzen, das sei sehr gefährlich, denn englische Tiefflieger würden sehr oft mit Maschinengewehren auf Menschen dort schießen. Es sei viel besser, an der nächsten Kreuzung einen Waldweg zu nehmen. Ich folge seinem Rat, auch wenn es mühselig ist, auf dem feuchten Waldboden zu radeln.

Nach längerer Zeit gelange ich wieder auf eine Straße. Dort steht ein Schild: «Truppenbewegung – Umleitung über Dorffelden». Verflucht, denke ich, wenn das so weitergeht, komme ich heute nicht mehr an. Es dämmert schon. Es ist Heiligabend. Dann beginnt es zu regnen. Viele nasse Stunden später, es ist schon späte Nacht, sehe ich auf einem Schild, dass ich nur noch drei Kilometer von Schlitz entfernt bin.

Aber, was ist das? Muss mir das auch noch passieren: Das Vorderrad hat einen Platten. Ich muss es also schieben.

Endlich bin ich in Schlitz und stehe vor dem Fachwerkhaus meiner Großeltern. Ich habe einen gewaltigen Hunger, mir zittern die Beine vor Anstrengung, und ich freue mich auf das Festessen, das es doch bestimmt gibt.

Wie überall im Reich sind die Fenster wegen der Fliegerangriffe verdunkelt. Im ersten Stock sehe ich jedoch einen schmalen Lichtstreifen aus dem Wohnzimmer dringen. Ich klingele.

Die Tür öffnet sich, und vor mir steht meine Mutter. Sie schaut mich an und schreit: «Mein Junge, mein Junge!» Wir umarmen uns, die Großeltern eilen herbei, alle weinen.

«Aber jetzt muss ich erst einmal etwas essen. Ich habe einen gewaltigen Kohldampf», sage ich, denn ich habe seit dem Frühstück bei Herrn Lange nur zwei Äpfel gegessen. Bedrückt sehen mich alle an.

«Kurt, mein Bub», sagt der Großvater, «wärst du doch etwas früher gekommen. Wir konnten doch nicht wissen, dass du heute bei uns bist.» Er führt mich in die Küche und zeigt stumm auf das Gerippe von einem Rehbraten, auf eine Schüssel mit zwei Löffeln Rotkraut und einem halben, kalten Thüringer Kartoffelkloß.

Inge Carius

Feierliches Enten-Confit

Es schneit. Die Kälte kriecht unter die Kleidung. Die Luft vibriert von den schwingenden Glocken, ist erfüllt von dem vielstimmigen großen Stadtgeläut, das vom Wunder der Heiligen Nacht kündet.

Eine dichte Menschenmenge wogt auf dem Frankfurter Römerberg, wo das Geläut in der Alten Nikolaikirche einsetzt. Wogt dann von Kirche zu Kirche, dem Klang der Glocken folgend. Jeder will dabei sein, wenn der letzte Glockenschlag der einen Kirche sich mit dem ersten der nächsten Kirche verbindet. Das Läuten der Alten Nikolaikirche beschwört die Bilder der Taufen unserer Kinder. Die Paten sind nun tot, heute, an diesem Ort, werden sie für uns wieder lebendig. Der Ruf wird von der Leonhardskirche am Mainufer aufgenommen. Ein Ruhepunkt inmitten brausenden Verkehrs. Nur wenige Schritte von ihr entfernt erklingen vier Glocken der Karmeliterkirche, die hinüberhallen zum Geläut der Paulskirche, die am Ort der ehemaligen Barfüßerkirche erbaut wurde. Die Glocken der Liebfrauenkirche, der Katharinenkirche an der Hauptwache und der Peterskirche stimmen nacheinander ein. Vor jeder Kirche warten Menschen, unzählbar viele, und immer mehr stoßen zu ihnen. Am Kaiserdom erwarten sie freudig erregt den Zusammenklang der neun Glocken des Domgeläuts. Fremde fassen sich an den Händen, fühlen sich verbunden in ihrem christlichen Glauben und wünschen den Menschen in aller Welt Frieden und ein frohes Fest. Eine letzte Kirche schickt ihren Gruß nach Sankt Bartholomäus, es ist die Dreikönigskirche auf dem Sachsenhäuser Ufer des Mains.

Wir sind eingestimmt auf den Heiligen Abend in unserer warmen Weihnachtsstube. Stumm bewegt sich die Hängepyramide mit ihren vier brennenden Kerzen. Das Schattenbild des Flügelrades an der Zimmerdecke verbreitet lautlos Behaglichkeit. Wir sind verzaubert vom Anblick der Winterlandschaft, die sich hinter dem großen Fenster in den Garten erstreckt. Gartenlaternen werfen zaubrische Lichter und Schatten. Es ist Weihnachten, lass uns das Festmahl bereiten.

Vor ein paar Tagen habe ich das Confit für die Ente vorbereitet. Die Ente vom Fett befreit und in Portionsstücke zerlegt. Das Fett zusammen mit zwei Knoblauchzehen, zwei Lorbeerblättern, Thymian und Rosmarin in die Pfanne gegeben, einen Apfel, Cox Orange, klein geschnitten und mit dem Fett so lange ausgelassen, bis ein Wohlgeruch emporsteigt. Habe die Entenstücke und eine Tasse Wasser dazugegeben und alles etwa zwei Stunden bei milder Hitze garen lassen; mehrmals Wasser nachgefüllt, so wird das Fleisch zart und weich. Danach habe ich die Teile herausgenommen, in eine irdene Auflaufform gesetzt, mit dem gesiebten Fett übergossen. Mit Folie abgedeckt und einem Teller beschwert steht sie an der kühlen, dunklen Kellertreppe.

Nach all den Jahren wollen wir unser Menü mit dem ganzen Zauber eines Abends zu zweit genießen. Hinreißen wollen wir uns lassen vom Farbenspiel des gedeckten Tisches. Auf dem roten Damasttischtuch das weiße Wiinblad-Geschirr «Zauberflöte», die Königin der Nacht unter den Porzellanen. Die brennenden roten Kerzen zwischen den Tannenzweigen werden die Weine in den Gläsern funkeln lassen. Von dem weißen Fliederzweig in der blauen Vase, den du heute mitgebracht hast, steigt ein betörender Duft empor. Wähle du den Champagner, einen leichten Weißwein für die Vorspeise, den Rotwein für den Hauptgang, einen Amaretto zum Dessert, und danach? Vielleicht über mehrere Stationen bis zum Eiswein aus unserem besonderen Jahr.

Beginnen wir mit der Vorspeise: Scampi mit schmalen grünen Nudeln. Ich enthäute sie und lasse sie eine Stunde in Traubenöl, vermischt mit Pinienhonig, gepresster Knoblauchzehe, etwas Salz, rotem Pfeffer, einigen Tropfen Balsamico-Essig, ziehen. Danach brate ich sie in Butter an und übergieße sie mit Sahne und der Marinade. Nach sechs Minuten Kochzeit nehme ich sie heraus, koche die Marinade sämig, wälze die Scampi in gehacktem frischem Basilikum und gebe sie auf die Nudeln.

Dann genießen wir das Enten-Confit mit Wildreis und Esskastanien. Die Entenstücke nehme ich aus dem Confit, bestreiche sie mit verdünntem Honig, bestreue sie mit einigen ganzen bunten Pfefferkörnern und brate sie schnell knusprig. Das Confit wird erhitzt, fein abgeschmeckt und als Soße gereicht. Die Esskastanien, gekocht und von der Innenhaut befreit, werden in Butter gebräunt, mit einem Teelöffel Honig karamellisiert und mit etwas Entenbrühe abgelöscht. Ein Schlückchen Madeira darüber – so muss es am Hof des Papstes vor vielen Jahrhunderten gerochen haben.

Zum Dessert habe ich ganz reife italienische Kakifrüchte mit einigen Tropfen Amaretto beträufelt. Eine weitere Überraschung wartet im Kühlschrank. Große, dicke Erdbeeren in Zuckersirup und in sehr steifen Eischnee getaucht. Zu Früchten aus dem Rumtopf ist eine Vanillesoße vorgesehen. Deine Lieblingsplätzchen, Dattelmakronen, Rosenherzen,

Quittenwürfel, Elisenkonfekt, Weihnachtsschnitten, Bethmännchen und das mürbe, auf der Zunge schmelzende Butterzeug liegen schon in der Kristallschale.

Damit jedoch ist unser Mahl noch nicht zu Ende.

Still ist es um uns, die Stühle der Kinder habe ich an die Wand gerückt. Im flackernden Kerzenlicht sehe ich ihre lächelnden Gesichter. Sie haben alle schon angerufen. Dein Gesicht sieht so jung aus. Weihnachten ist ein Familienfest, herrlich zu zweit, umgeben von den guten Wünschen unserer Lieben. Der Älteste hat uns das Domgeläut auf CD geschenkt. Weit öffnen wir die Fenster. Es ist Mitternacht, die schneebedeckten Bäume erzittern im Klang.

Salziger Fisch und Walnussbrot

Meine Mutter gab sich dieses Jahr besonders viel Mühe. Es war nicht lange her, dass mein Opa in Smiljan gestorben war, und dann hatte mein Vater einen schweren Unfall gehabt. Daher sollte es ein Weihnachtsfest werden, wie sie und mein Vater es von früher kannten.

Mama erklärte uns am Abend zuvor, dass am Tag des Heiligen Abends gefastet würde und dass wir Kinder alt genug seien, diese Tradition zu befolgen. Dass am Heiligen Abend Fisch und kein Fleisch gegessen wurde, wussten wir, aber was es genau bedeutete zu fasten, das wussten wir nicht. Mama erklärte kurz, dass Fleisch und Milchprodukte verboten seien. Dieses Gebot war leicht einzuhalten, dachte ich zumindest und freute mich auf Weihnachten.

Noch ganz schlaftrunken stand ich am nächsten Morgen auf. Meine Mutter stand im Wohnzimmer inmitten von Weihnachtskugeln und Lametta und versuchte auch in diesem Jahr, den Tannenbaum, wie alle unsere Nachbarn, so bunt wie möglich zu schmücken. Mama sagte immer, sie hätte es erst hier gelernt. Meine Schwester schaute zu und steuerte den einen oder anderen Rat bei. «Wir müssen noch mehr Lametta drauftun!» Schließlich wehrte Mama sich: «Wir hatten nicht immer einen Weihnachtsbaum, als ich in deinem Alter war, und wenn einer da war, haben wir ihn mit Äpfeln geschmückt.» Mein Vater stand in der Küche und salzte nochmals den gesalzenen Rotbarsch, der heute Abend feierlich gegessen werden sollte. «Papa, wie machst du den Fisch?», fragte ich. «Du fragen jedes Jahr, und ich mussen dir immer sagen und zeigen, wie es geht. Warum du kannst dir das nix merken?», antwortete Papa ganz genervt. «Weil du es mir noch nie richtig gezeigt hast!» «Ach, jetzt isch wiedda alle Schuld. Diese Fisch mir essen immer in Kroatien.» Er nahm den Rotbarsch in die Hand und hielt ihn unter meine Nase. «Eine Abend bevor das essen, wir mussen gut salzen. Über Nacht kann die Salz gut einziehen. Dann wenn aufgestanden, wird nochmals kurz gesalzen und viel Kräuter dazugetan. Hier du sehen Petersilie in Olivenöl. So ist Fisch noch besser. Man darf nix vergessen, mit eine Pinsel die Olivenöl über Fisch zu streichen.»

Dann nahm er eine große Pfanne und legte den Fisch hinein. Später wird dieser Fisch in viel Öl gebraten, bis er ganz knusprig aussieht. «Nie dürfen du vergessen, die Fisch zu salzen, sonst nix schmecken.»

In der ganzen Wohnung roch es nach Tannenzweigen, vermischt mit dem Duft des Walnussbrotes, dass meine Mutter seit ihrer Kindheit an Weihnachten buk. Der herrliche, warme Duft breitete sich in den Zimmern aus, und ich hatte Lust, meiner Familie bei den Vorbereitungen zu helfen. An solch einem Tag wird jedem Familienmitglied eine Aufgabe zugeteilt. Doch da ich erst aufgestanden war und es schon Mittag ist, schien meine Hilfe nicht mehr nötig. Ich ging in die Küche, um eine Kleinigkeit zu essen. Als ich den Kühlschrank aufmachen wollte, ermahnte mich mein Vater, dass heute Heiligabend sei und ich zu fasten habe. In unserer traditionell-katholischen Familie allerdings zählen neben Milch und Fleisch auch Süßigkeiten, Wurst, Marmelade, Butter zu den Speisen, die man meiden musste, was ich wohl bei den

Erklärungen meiner Mutter überhört oder was sie zu erwähnen vergessen hatte. Was sollte ich nun essen? Mein Vater deutete auf die eingelegten Ölsardinen. Ölsardinen mochte ich noch nie. Dieser fettige Fisch schmeckte mir nicht, ich hatte immer das Gefühl, der lang anhaltende fischige Geschmack in meinem Mund würde sich nie legen. Ich griff zu einer Brotscheibe und machte mir einen Tee.

Während sich meine Mutter weiterhin um den Weihnachtsbaum kümmerte und mein Vater seine Pflicht in der Küche als vorläufig beendet betrachtete und ins Wohnzimmer zurückkehrte, steuerte ich abermals in Richtung Küche. Ich hatte Hunger und wollte ganz schnell ein Scheibchen Käse aus dem Kühlschrank holen, bevor es jemand sah. Zu spät. Meine Schwester erwischte mich auf frischer Tat und hatte nichts Besseres zu tun, als es der ganzen Familie zu verkünden. Hätte ich zu diesem Zeitpunkt gewusst, was das für Konsequenzen hatte, hätte ich mir meinen Griff nach dem Käse gründlich überlegt. Mein Vater packte meinen Arm und schüttelte mich. Ich erschrak, mein Arm schmerzte, und während seine Hand immer noch meinen Arm drückte, schrie er auf mich ein. Gott würde mich bestrafen, brüllte er. Obwohl ich vor Schreck ganz starr war, erlaubte ich mir zu fragen, warum der liebe Gott das tun würde. Mein Vater zischte nur, dass man diese Sachen nicht essen dürfe.

Er machte meine Mutter für meine Sünde verantwortlich. Sie sei daran schuld, dass ich mich immer gegen alles wehrte und frech sei und vor Tradition und Familie keine Achtung hätte. Meine Mama, die alles tut, um den Familienfrieden aufrechtzuerhalten, schaute ganz traurig. Sie bemühte sich jedes Jahr, ein wunderschönes Fest zu gestalten, und anscheinend hatte ich dieses Fest nun schon zerstört. Es ist einer der wenigen Tage, an dem die Familie beisammen ist, und ich hatte es vermasselt. Mama weinte ganz leise, ich konnte es fühlen, und nichts konnte ich tun, um meinen Fehler rückgängig zu machen.

Einige Stunden später saß die Familie am reich gedeckten Tisch. Es gab Rotbarsch und Forelle, dazu Kartoffelsalat mit Zwiebeln, Öl, Essig und Knoblauch und Salat aus schwarzen Bohnen mit viel Zwiebeln, Öl, Essig und Knoblauch. Ein Festmahl, das ich selbst nicht unbedingt so definieren würde, weil ich gar keinen Fisch mag.

Ich verstand diesen Fastentag nicht und war neidisch auf alle meine Klassenkameraden, die sicherlich ein schöneres Essen bekommen hatten. Weihnachten war für mich etwas anderes als für meine Eltern. Von der Schule und aus Erzählungen wusste ich, wie andere Menschen feierten, und meine Eltern hatten mir bisher eigentlich noch nie erklärt, warum «unser Weihnachtsfest» so anders sein musste. Mama war enttäuscht. Sie hatte wunderbar gekocht, und keiner von uns würdigte das Essen.

In der Mitte des Tisches stand ein Kerzenhalter mit drei Kerzen. Am Ende des Essens nahm mein Vater immer ein Stück Brot, tunkte es in ein Glas Rotwein und löschte mit dem Wein die Kerzen. Der Wein symbolisiert das Blut Christi, das Brot steht für den Leib Christi. Damit wird die Geburt Jesu gefeiert, und mit dem Erlöschen der Kerze durch den Wein wandert die Seele Jesu in die Luft. Die drei Kerzen sind ein bäuerlicher Brauch und stehen für Familie, Feld und Ernährung.

Wir konnten diesen Augenblick kaum erwarten, denn danach gab es endlich die sehnlichst erwartete Bescherung. Mama hatte uns in diesem Jahr erklärt, dass es keine Weihnachtsgeschenke geben würde, weil das Geld nicht vorhanden war. Aber sie hatte sich etwas Besonderes einfallen lassen. Vor dem Weihnachtsbaum hatte sie eine Krippe aufgestellt, und drum herum war alles mit Tannenzweigen und Stroh geschmückt. Wir beäugten schon während des Essens diesen schönen, zu einem kleinen Berg aufgetürmten Haufen Tannenzweige und waren ganz gespannt, was sich wohl drunter befand. Das Festmahl war vorüber, und unsere Mama gab uns das Zeichen, dass wir nun zum Weihnachtsbaum gehen dürften.

Wir stürzten uns auf den Haufen und fingen an, nach den Geschenken zu wühlen. Wir fanden viele Orangen, Äpfel und Nüsse und doch keine Päckchen. Ich konnte mich darüber nicht freuen, und auch meine beiden Schwestern zeigten mit keiner Miene, dass sie glücklich waren. Ich machte mir Gedanken, was ich wohl meinen Freundinnen nach den Ferien erzählen könnte, was ich so alles an Geschenken erhalten hatte. Ich war sehr enttäuscht, denn es wäre mir peinlich gewesen, zugeben zu müssen, dass meine Eltern nicht genug Geld hatten, um mir viele schöne Sachen zu kaufen.

Früher gaben sich die Kinder mit wenig zufrieden und verlangten nie nach Geschenken und waren stets dankbar für das, was sie hatten, sagte Mama. Damals habe es keine Bescherung gegeben, wie man es in Deutschland machte. Unsere Familie in Smiljan habe nie viel Geld gehabt, und an Heiligabend sei man nach dem Abendessen gemeinsam in die Kirche gegangen. Die Mütter seien meistens zu Hause geblieben und hätten in der Zwischenzeit Orangen, Äpfel und Nüsse im Heuhaufen versteckt, damit alle Kinder des Dorfes nach der Kirche gemeinsam dort suchten. Das sei ein großer Spaß gewesen, und alle hätten viel Freude gehabt.

Orangen seien etwas ganz Besonderes gewesen, eine wirkliche Köstlichkeit, und nur die, die Geld hatten, hätten die beigesteuert.

Heiligabend endete in diesem Jahr sehr früh. Mein Vater stand auf, schaltete sein Radio ein, das wir nie anfassen durften, und hörte sich die Weihnachtsansprache des Papstes im Kroatischen Radio an. Mama räumte den Tisch ab und verschwand in der Küche.

Zur Christmette sind wir an diesem Abend nicht gegangen.

Arnfried Saddai
Man muss auch mal verzichten können

ᵱᵱᵱ

Immer schon war es so, dass Tante Traudl, die in der gleichen Stadt wie wir wohnte, uns am ersten Weihnachtsfeiertag zum Essen eingeladen hat.

Meine Schwestern und ich bringen ihr dann unsere selbst gebastelten Geschenke. Sie freut sich immer so, dass sie leider jeden von uns ganz oft schmatzend küsst.

Immer wenn sie ihre Wohnungstür aufmacht, riechen wir schon, dass es als Vorspeise Fischsülze geben wird.

Unsere Mutter hat uns erklärt, dass ihre Schwester Traudl für die Fischsülze gesottene Karpfen verwendet, die unter anderem mit Essig blau gemacht würden. Einschließlich Haut und Gräten schneidet sie sie in Stücke und verteilt sie auf den Suppenteller. Dann tut sie dieses eklige, glibberige Zeug drum herum, und das alles heißt dann Sülze.

Meine Schwestern und ich essen nicht gerne Fischsülze, die hat nämlich dazu noch Gräten, die im Hals stecken bleiben können, und dann erstickt man.

Wir tun dann ganz lange einfach so, als würden wir das Zeug auf die Gabel nehmen, aber es fällt immer runter, bis die Mutter sagt, dass es nun genug ist, und dann wird die Vorspeise, wie Tante Traudl das nennt, abgeräumt. Tante Traudl isst gerne Sülze.

Dann gibt es immer Wiener Schnitzel. Tante Traudls Schnitzel sind so gut wie Weihnachten. Dazu gibt es immer Reis und Häuptlesalat.

Jetzt müssen wir immer aufpassen. Wenn die Erwachsenen schon ganz viel Sülze gegessen haben, dann bleibt manchmal etwas von ihrem Schnitzel übrig.

Mutter sagt nämlich immer: «Traudl, du hast es ja wieder viel zu gut gemeint. Die Sülze war köstlich. Wenn ich jetzt noch mehr von den herrlichen Schnitzeln esse, platze ich.»

Da wussten wir alle, dass das Essen jetzt vorbei war und endlich der Nachtisch kommt. Wir Kinder tragen die Teller in die Küche. Das machen wir, weil wir gut erzogen sind und weil wir in der Küche die Schnitzelstücke aufteilen und schnell essen.

Zum Nachtisch gibt es Vanillepudding, für jeden eine kleine Schale. Zur Verzierung legt Tante Traudl jedes Jahr einen Schokoladen-Tannenbaum obendrauf. Aber weil sie das immer schon tut, bevor der Pudding kalt ist und eine Haut bekommen hat, schmilzt die Schokolade, und der Tannenbaum sieht aus wie ein brauner Fleck. Dann ruft sie: «Meine schöne Verzierung ist wieder verunstaltet. Aber ich hoffe, ihr mögt sie trotzdem.» Ich esse gerne Vanillepudding.

Aber in diesem Jahr ist alles ein bisschen anders.

Meine Schwestern und ich haben ganz oben auf den Wunschzettel geschrieben, dass wir uns einen Hund wünschen. Und unter dem Weihnachtsbaum saß wirklich ein knubbeliger kleiner Kerl. Es ist ein Schäferhund, hat Vater gesagt, er ist acht Wochen alt und heißt Hector. Hector hat auf den Teppich gemacht, aber wir haben uns trotzdem sehr gefreut. Wir haben ihn herumgetragen, aber jeder gleich lange.

Am Heiligen Abend hat es geschneit. Nicht so furchtbar viel, nur so viel, dass es bis oben an meine Stiefel reicht.

Hector kam natürlich mit zu Tante Traudl, denn er gehört

ja jetzt zur Familie. Und weil es geschneit hatte, durften wir ihn jetzt ganz lange tragen. Aber jeder von uns immer nur drei Minuten lang. Dann war der Nächste dran. Vater hat auf die Uhr geschaut und die Zeit angesagt.

Der Weg bis zu Tante Traudl ist eine halbe Stunde lang, da kann ich ausrechnen, dass jeder von uns ihn zehnmal tragen darf.

Natürlich riecht es wieder nach Fischsülze, als die Tür aufgeht. Auf dem Küchentisch stehen nebeneinander die Teller mit der ekligen Sülze. Auf einem kleinen Tisch daneben liegen die rosa Fleischstücke, das sind unsere Schnitzel, und daneben steht eine große Schüssel mit Häuptlesalat.

Bei Tante Traudl essen wir immer in der guten Stube.

Unser Hector darf da nicht hinein. Sonst macht er gleich wieder auf den Teppich. Wir legen eine Decke neben den Herd, dann mache ich ihm vor, wie er dort liegen soll. Er japst und freut sich, und ich weiß, dass er mich verstanden hat.

Wir setzen uns an den langen Esstisch, und Mutter sagt, wie hübsch die Silberglöckchen, die weißen Engelchen und die Servietten mit Tannenzweigen sind, die überall auf dem Tisch liegen. Dann rückt Mutter die Gläser hin und her, obwohl sie noch leer sind, und Vater macht eine Flasche Rotwein auf, um den Wein atmen zu lassen.

Wir essen wie immer die Fischsülze nicht wirklich, obwohl Mutter sagte, dass wir nun vernünftig und keine kleinen Kinder mehr sind. Aber wir wollten immer noch nicht an den Gräten ersticken. Ganz bald gibt es ja die wirklich guten Schnitzel, Tante Traudl ist schon in der Küche.

Aber plötzlich steht sie in der Tür, die Arme in die Hüfte gestemmt, sagt kein Wort und sieht viel größer aus als sonst. Zwischen ihren Beinen kommt Hector auf uns zuge-

sprungen. In seiner Schnauze hängt ein Stück Schnitzel-
fleisch.

Die drei übrigen Schnitzel haben sich dann die Erwachsenen geteilt. Ich habe nämlich genau das gesagt, was Mutter
sonst immer sagt: «Man muss auch mal verzichten können.»
Und meine Schwestern haben genickt. Und Hector durfte
sein Schnitzel behalten.

Günter von Lonski

Hasenmedaillons flambiert

🍴🍴🍴

«Schon fünf, da muss ich aber in die Küche, sonst wird's nichts mehr mit dem Festmenü!»

«Wollen wir dieses Jahr nicht einmal alle zusammen kochen?»

«Heiligabend koche ich, das ist eine uralte Tradition in unserer Familie! Ihr könnt den Baum schmücken!»

«Ja, Papa!»

«Ich lass die Küchentür offen, damit wir uns weiter unterhalten können. Schließlich ist Weihnachten auch ein Familienfest.»

«Natürlich, Schatz!»

«Ich werde uns ein Festmenü zubereiten, von dem ihr noch Ostern schwärmt!» Er geht in die Küche. «Wollt ihr denn gar nicht wissen, was es gibt?»

«Doch, Papa.»

«Tomatensuppe mit Gin, flambierte Hasenmedaillons und Schwarzwälder Kirschspeise!»

«Oh, Gott!»

«Ich weiß, es ist ein wenig üppig, aber schließlich ist heute Heiligabend. – Könnt ihr euch noch an den Ochsenschwanz in Weißwein vom letzten Weihnachtsfest erinnern?»

«Wir schon.»

«Wo hab ich bloß den Korkenzieher gelassen? Ah, da bist du ja! Wolltest dich wohl vor mir verstecken? Aber du entgehst mir nie!»

«Ja, Papa!»

«Wo sind die Tomaten?»

«Im Kühlschrank.»

«Da sind sie nicht.»

«Schau doch ins Gemüsefach.»

«Ah, meine kleinen roten Freundinnen, da seid ihr ja, ihr knackigen Paradeisäpfelchen, jede eine herrlich Hand voll.»

«Ralf, wir haben Weihnachten!»

«Möchte jemand einen kleinen Aperitif? Einen fröhlich perlenden Prosecco? – Ich hör nichts? Dann trinke ich eben mit mir allein. Prost!»

«Soll ich den Messingstern oder die silberne Spitze auf den Tannenbaum stecken?»

«Das entscheiden wir zum Schluss!»

«Alles bei mittlerer Hitze eine Viertelstunde garen! Etwas Brühe hinzufügen. Brühe? Da bietet sich ein trockener Riesling aus dem Rheingau doch viel eher an. Moment, ein großes Schlückchen für mich und ein kleines für die Suppe.»

«Einmal möchte ich einen ganz normalen Heiligen Abend erleben. Wir drei sitzen am festlich gedeckten Tisch, essen ein einfaches Essen und unterhalten uns.»

«Der Wein schmeckt nach Korken! Gabi, wo hast du den Wein gekauft?»

«Du hast den Wein geholt!»

«Dann schmeckt er auch nicht nach Korken.»

«Trink doch nicht so viel!»

«Ich nippe nur. Schließlich hab ich noch jede Menge Arbeit vor mir. Die Suppe durch ein Sieb streichen, mit Zucker und Nelkenpulver abschmecken und zum guten Schluss ein winziger Schuss Gin, verdammt, wer hat den Verschluss nur lose auf die Flasche gesteckt?»

74

«Ist was passiert?»

«Der Schuss Gin ist ein bisschen reichlich ausgefallen.»

«Kann man die Suppe überhaupt noch essen?»

«Wollt ihr probieren?»

«Lieber nicht!»

«Dann übernehme ich die Aufgabe für euch. Die Suppe schmeckt nach, sie schmeckt wie ...»

«Als hättest du einen Teelöffel Tomatenmark in eine Flasche Gin gerührt?»

«Tochter, sei nicht so frech, oder willst du bei der Bescherung leer ausgehen?»

«Mam, ich hab gar keine Lust mehr auf Heiligabend!»

«Warum brennen denn die Kerzen nicht?»

«Mein Feuerzeug liegt in der Schublade!»

«Papa, wir haben doch schon seit Jahren elektrische Kerzen.»

«Dann steck einfach den Stecker in die Steckdose!»

«Was würden wir bloß ohne dich machen!»

«Tochter Zions, freueueue dich!»

«Mam, er singt schon.»

«Ziemlich früh in diesem Jahr.»

«Sind alle Männer so?»

«Ich hab's nicht ausprobiert, einer reicht mir.»

«Jauauauchze laut, Jerusalem!»

«Jetzt brennen die Kerzen, ein Birnchen war locker.»

«Hab ich was anderes behauptet? – Moment, wo sind die Hasenmedaillons? Hat einer meine Hasenmedaillons gesehen? Da seid ihr ja! Haben sich die Angsthasen doch hinter der Kaffeemaschine versteckt. Kommt raus, ihr seid umzingelt! Möchte noch jemand vom Prosecco? Ist noch gut ein Gläschen in der Flasche.»

«Aber, Ralf!»

«Dann eben nicht! – Mit Salz, Pfeffer, Paprika und Rosmarin bestreuen! Wie geht's übrigens der Frau vom Peter?»

«Rosemarie? Der geht es gut, sie lässt sich scheiden.»

«Wie weit bist du?»

«Die Pilze müssen noch zehn Minuten schmoren.»

«Mam, wie kommt die leere Jägermeisterflasche in den Karton mit den Krippenfiguren?»

«Frag doch unsern Weihnachtsmann!»

«Trinkt ihr zu den Hasenfilets Bordeaux oder lieber Beaujolais?»

«Am liebsten Cola!»

«Und ich Mineralwasser!»

«Entscheidet euch, ich muss den Wein noch dekantieren.»

«Was muss Paps?»

«Den Korken aus der Flasche ziehen und die Flasche halb austrinken.»

«Ein feines Tröpfchen, dieser Réserve, direkt vom Winzer! Erinnert ihr euch noch an den netten Kellermeister, der uns zwei Flaschen geschenkt hat?»

«Bei einem Umsatz von über achthundert Mark konnte er sich's leisten!»

«Mam, hör mal, die Kirchenglocken läuten schon!»

«Unser Baum ist auch geschmückt. Wann essen wir?»

«Keine Panik! Die Medaillons sind schon in der Pfanne, dann müssen sie nur noch flambiert werden. Für die Nachspeise such ich rasch den Cognac aus.»

«Was gibt es denn zum Nachtisch?»

«Der Cognac ist wirklich ausgezeichnet! Viel zu schad' fürs Flambieren. So sanft und doch voller Charakter! Bevor er abgefackelt wird, gönn ich mir noch ein Gläschen.»

«Was es zum Nachtisch gibt!»

«So gut hat mir der Cognac schon lange nicht mehr geschmeckt.»

«Lass den Nachtisch weg, es geht auch ohne!»

«Schwarzwälder Kirschspeise gibt's zum Nachtisch! – Schatz, hast du die Gelatine eingeweicht?»

«Wieso ich?»

«Ich etwa?»

«Wer hat die ganze Zeit so geheimnisvoll getan und niemanden in die Küche gelassen?»

«Schon gut. Wenigstens ist noch genug Kirschwasser da. Prost, mein Schatz, und Prost, mein Schätzchen. Was sollen denn die Pizzas im Kühlschrank?»

«Nur so.»

«Gleich ist es so weit! Komisch, zu jedem Weihnachtsfest liegen zwei Pizzas im Kühlschrank.»

«Riechst du das auch, Mam?»

«Mein Gott, meine Medaillons! Schwarz wie Kohle. Ich brauche noch einen Cognac. – Dieser Schrecken, alles dreht sich vor meinen Augen.»

«Ist wenigstens der Nachtisch noch zu retten?»

«Welcher Nachtisch?»

«Du wolltest doch eine Kirschspeise machen.»

«Schon gut, schon gut, ein paar Sauerkirschen und ein ordentlicher Schuss Kirschwasser, das muss reichen. Mir ist gar nicht gut. Ich glaub, ich werde alt.»

«Vielleicht können wir die Kirschen mit Eis und Sahne essen?»

«Der Stress haut mich um. Wie ich Weihnachten hasse!»

«Willst du dir nicht wenigstens den Baum ansehen? Er ist wirklich schön geraten in diesem Jahr.»

«Ich muss mich einen Augenblick setzen.»

«Wann hat Paps das letzte Mal am Heiligen Abend den Weihnachtsbaum gesehen?»

«Vor zwei, nein, warte, ich weiß es nicht mehr.»

«Mam, wollen wir uns die Pizzas gleich heiß machen?»

«Lass uns erst noch ein Weihnachtslied singen.»

«Hörst du, Paps schnarcht bereits sein Halleluja.»

Doris Quanz

Weihnachtliches Brunch-Buffet

♀♪Ψ

Nein, sagt die Frau.

Sie knallt das Holzbrett vor sich auf die Tischplatte.

Nein, und nochmals nein.

Alle Reste hat sie aus dem Kühlschrank geräumt. Es fällt ihr schwer, sich vorzustellen, wie sie daraus ein attraktives, weihnachtliches Brunch-Buffet machen könnte.

Was habe ich da wieder mit mir machen lassen.

Das Menü für die Weihnachtstage stand eigentlich doch schon seit Jahren fest. Heftig schneidet sie die Tomaten in Achtel. Eine sieht nicht mehr allzu frisch aus. Also in Scheiben schneiden.

Dieses wunderbare Fondue, nun ist es einfach ausgefallen. Mit kritischen Augen schaut sie auf die Filetspitzen. Die Senfsoße steht dicklich und ockerfarben in ihrer Schüssel.

Man könnte sie ja noch mit gekochten Eiern kombinieren.

Da habe ich mich wieder herumkriegen lassen.

Nur, um die perfekte Mutter zu sein. Sie gesteht es sich ja ein.

Wütend stampft sie mit dem rechten Fuß auf den Fußboden. Was für eine Idee: Sommer-Chefsalat an einem Weihnachtsfeiertag. Und dann: kein Rind- oder Schweinefleisch, bitte.

Ja, sie sieht diesen Jungen eigentlich viel zu selten.

Sie ist nicht gewöhnt an das, was den Alltag eines Jungmanagers und dessen längerfristige Lebensplanung ausmacht. Nicht gewöhnt an dieses rituelle Wellness-Gehabe.

Dabei kommt er sowieso nur an hohen Feiertagen. Und diese Besessenheit, was den Naturschutz und seine Vogelliebhaberei angeht. Vogelschützer am Wochenende. Keine Zeit mehr für anderes, aber unzählige Überstunden.

Aber das ist seine Sache, soll er damit glücklich werden.

Die Joghurts wären ein ganz guter Nachtisch, davon hat sie noch genug. Sie und ihr Mann hätten sich mit einem Fondue Bourgignon am zweiten Feiertag durchaus wohl gefühlt. Aber er, er war der Ansicht, das sei viel zu fett.

Fett. Das Fonduefett ist bereits eingefroren. Aber die Sahne für die Soßen, was macht sie jetzt damit? Der Christian, der mag doch so gerne Rote Grütze mit viel Sahne. Das kann sie noch schaffen.

Ihn hat sie wirklich stiefmütterlich behandelt, was seine Vorlieben angeht. Die Joghurts also wieder hinein in den Kühlschrank. Dann hat er auch etwas, was er sich gewünscht hätte, wenn er gefragt worden wäre.

Die saure Sahne hält sich noch.

Der Saft kocht, sie gibt Sago dazu, die Früchte, Zucker. Der Duft ist so köstlich. Sie atmet ihn intensiv durch die Nase ein. Wenn Gerüche Farben hätten, dann sähe dieser Duft pink aus.

Langsam köchelt alles. Prima, das kann dann draußen kühlen. Sie leckt den Löffel ab und genießt den Himbeergeschmack. Und stellt dann die Schüssel auf den Terrassentisch. Es ist heute wirklich ungemütlich kalt hier draußen.

Sie gönnt sich eine Pause und raucht eine Zigarette. Ein paar schnelle Schritte, hin und her, gegen die Kälte, und – eigentlich wollte ich ja gar nicht kochen heute.

Und jetzt habe ich schon wieder das gemacht, was ich nicht wollte.

Zwei Amseln hüpfen durch das Rosenbeet. Vielleicht suchen sie Regenwürmer. Sie schüttelt sich und macht die Tür schnell wieder zu.

Streicheleinheiten. Auf welch seltsame Art man doch versucht, sie einzukaufen.

Käse ist noch genug da. Dazu könnten die sauren Gurken und eingelegten Paprika gehen. Alles auf eine große Platte, Folie darüber und in die Kühlung.

Das Essen am Heiligabend. Da hat er sich noch nicht beschwert.

Aber aller Salat ist verbraucht, nichts frisches Grünes mehr. Grüne Bohnen, die sind noch im Keller. Die könnte man mit viel Zwiebeln und Gewürzen zu einem Salat aufbereiten. Und die Eier müssen noch gekocht werden. Die für die Senfsoße. Eine Suppe, das wäre auch noch gut. Was mache ich aber mit den Filetspitzen?

Und dann fällt ihr etwas ein. Die Vögel. Aller Frust fällt von ihr ab. Sie pfeift vor sich hin.

Das wird der Schocker.

Jetzt bewegt sie sich schnell und leicht. Sie läuft zu dem Bücherschrank, in dem sie die alten Kochbücher aufbewahrt. Die Kochbücher mit den Rezepten aus Urgroßmutters Zeiten. Sie erinnert sich an das Rezept einer ganz besonderen Suppe. Vor langer Zeit hat sie es der Familie vorgelesen, als sie das Pfälzer Kochbuch auf einem Flohmarkt gekauft hatte.

Die Spatzensuppe.

Verrückt, dass ihr das gerade jetzt einfällt. Noch sieht sie die entsetzten Gesichter vor sich. So etwas kann man nicht essen, hatten die Kinder gesagt.

Und diese Suppe, die kocht sie jetzt nach.

Sie schneidet das Fleisch in längliche Stücke, wie Nudeln. Die Handgriffe sitzen, alles geht ihr leicht von der Hand. Aus dem Tiefkühlschrank nimmt sie noch etwas Geflügelfleisch dazu. Und die Baguettes, die wird sie in Scheiben schneiden, in viel Schmalz rösten und mit der Suppe reichen.

Und dann werden sie fragen, was für eine delikate Suppe das denn sei. Sie wird, so viel Zeit hat sie noch, auf dem Computer das Rezept abschreiben und ausdrucken.

Damit jeder lesen kann, was er soeben gegessen hat.

Oder besser noch: was er gegessen zu haben glaubt.

Vögelcoulis-Suppe (für 12 Personen)
Rupfe und putze 18 Lerchen, Spatzen, oder welche Vögel man sonst will, flanire dieselben ganz rein, lasse in einem Casserol 8 Loth Butter heiß werden, lege die Vögel hinein, thue etwas Salz hinzu, und lasse sie langsam fertig werden. Dann lege die Vögel auf ein Brett, und schneide die Brüste heraus. Das Übrige stoße in einem Mörser nebst Brodt, das zuvor in 12 Loth Schmalz hellbraun gebacken ist, recht fein zusammen, lege alles in ein Casserol, gieße 8 Schoppen gute Brühe darauf, lasse sie zu 6 Schoppen einkochen, schlage die Suppe durch ein Haarsieb, stelle sie ans Feuer, nimm die 18 Brüste der Vögel, schneide sie länglich wie Nudeln, lege dies in den Kumpen nebst 16 Stücken bebähten Weckes und etwas Muskatnuss und richte diese Suppe an.

Ursula Schubert-Müller

Stallhasen

¶¶¶

Da steht sie und schüttet das kochende Wasser in die Schüssel mit den Backpflaumen. Das muss jetzt auskühlen. «Ich hole das Fleisch vom Balkon», ruft sie mir zu. Es liegt in der Marinade, die wir gestern miteinander gemacht haben. Eine Zwiebel und eine Möhre, grob gehackt, sind drin, sechs Pfefferkörner leicht zerstoßen, einhundertfünfundzwanzig Milliliter Rotwein und ein Esslöffel Öl. So steht es im Rezept für Stallhasenbraten. Und den gibt es heute Abend, weil Weihnachten ist. Das war schon immer so. Auch als ich noch nicht auf der Welt war, hat Mutti mir erzählt. Den Hasen holt Vati von seinem Onkel. Der hat welche im Stall und schlachtet selbst. Ein Lebensmittelgeschäft gehört ihm auch. Deshalb geht es uns mit dem Essen noch ganz gut, obwohl schon zwei Jahre Krieg ist. Vati besucht jetzt die drei Mädchen vom Onkel öfter. Da nimmt er einen leeren Koffer mit, und wenn er wiederkommt, sind lauter Lebensmittel drin. Auch Bohnenkaffee. Die Cousinen mögen meinen Vati.

Sie nimmt die Hasenstücke aus der Marinade und legt sie in ein Sieb. Ich weiß schon, was dann kommt. Die Zutaten stehen auf dem Tisch. 175 Gramm Backpflaumen, 1 Esslöffel Öl, 15 Gramm Butter, 250 Milliliter Rotwein, 1 Knoblauchzehe, zerdrückt, Salz und Pfeffer, 1 Esslöffel gehackte Petersilie zum Draufstreuen. Sie öffnet die Küchentür und ruft: «Wir sind fertig.» Mutti ist gleich da. «Ihr wart sehr fleißig», lobt sie uns beide, obwohl ich gar nichts machen durfte.

Eigentlich allerhand, dass Mutti sie so in die Küche lässt, als wäre gar nichts passiert. Sonst macht Mutti immer alles allein. Aber zu ihr ist sie so gut, als wenn sie ihre eigene Tochter wäre, hat Tante Erna gesagt. Sie ist vierundzwanzig, und ich hätte dann eine zehn Jahre ältere Schwester. Sie wohnt jetzt seit acht Wochen bei uns, weil wir wegen unserer großen Wohnung schon lange Untermieter nehmen müssen, weil Krieg ist, hat Hitler das so bestimmt. Vati hat sie hergebracht, als bei uns das Zimmer frei wurde. Sie arbeitet bei ihm in der Bank.

Es zischt. Mutti brät die Hasenstücke an und nimmt sie gleich wieder raus. Jetzt gibt Mutti die Zwiebel und Möhren aus der Marinade in die Pfanne, zerdrückt alles ein bisschen und lässt es noch ein paar Minuten kochen. Dann streut Mutti Mehl drüber und rührt weiter, bis alles braun ist. Unsere Marinade mit Knoblauch, Salz und zerdrücktem Pfeffer drin kommt dazu. Mutti rührt nochmal und legt die Hasenstücke rein. Vorläufig ist alles fertig. Mutti legt den Deckel auf die Pfanne und stellt die Backuhr auf fünfundzwanzig Minuten.

Es klingelt. Ich will aufmachen, aber Vati ist schneller. Ein Soldat steht vor der Tür. Er ist mindestens ein Meter achtzig groß und sieht ganz jung aus. Seine Frau will er besuchen, die bei uns wohnt. Er ist mit seiner Truppe unterwegs zu einem anderen Frontabschnitt und hat zwei Stunden Aufenthalt wegen Weihnachten. Vati schüttelt ihm ganz oft die Hand. Ich wusste gar nicht, dass sie verheiratet ist. Als er sich verabschiedet, ist es bald Zeit für unser Essen. Schade, dass er nicht länger bleiben kann. Aber dann hätte das Fleisch sicher nicht gereicht.

In der Küche riecht es nach Braten. Ich kriege Hunger.

Mutti hat das Fleisch schon auf die Platte gelegt und lässt die Soße noch etwas einkochen. «Bis sie einen Löffel überzieht», steht im Rezept. Wir dürfen kosten. Es schmeckt. Mutti gibt die Soße über das Fleisch. Sie, die Frau des großen Soldaten, hackt inzwischen die Petersilie zum Drüberstreuen. Dabei summt sie vor sich hin. Kein Weihnachtslied, sondern die Melodie, zu der Vati gestern von mir den ganzen Text wissen wollte, als er ihr schon wieder einen Brief geschrieben hat, den ich ihr heimlich geben sollte. «Oh, Mädchen, mein Mädchen, wie lieb ich dich», den Teil hat er noch gewusst.

Gertraude Schön

Prost!

Weihnachten wird es wieder Schweinerollbraten mit Klößen und Rotkraut geben und, wie in den vergangenen fünfzehn Jahren, vorher eine kräftige Bouillon und zum Nachtisch etwas Süßes.

Wieder wird am Heiligen Abend Onkel Ewald kommen, wird um Punkt halb sieben dreimal an meiner Wohnungstür klingeln und mit einem Frohe Weihnachten, Irenchen! und einer Flasche seines Lieblingsburgunders meine Wohnung betreten.

Er wird mich bei der Begrüßung wieder ein wenig zu lange auf den Mund küssen und danach auf die Preisklasse und die exzellente Qualität des mitgebrachten Weines verweisen. Dann wird er Lodenmantel und Jägerhut ablegen und sie, nachdem er seinen Schal sorgfältig in den linken Ärmel gestopft hat, an den oberen linken Messinghaken meiner Garderobe hängen.

«Duftet ja wieder ganz köstlich, mein Mädchen!», wird er ausrufen und danach seinen Platz genau vor den Reisebildbänden in meinem Bücherregal einnehmen und den festlich gedeckten Tisch mit dem Zwiebelmustergedeck, dem hellsilbern blinkenden Besteck und den Bleikristallgläsern wie jedes Jahr mit den Worten kommentieren: «Sehr schön sieht das wieder aus, mein Kind, halte nur weiterhin die Sachen deiner Eltern in Ehren!»

Dann wird er die Weinflasche auf die blütenweiße Damasttischdecke stellen und sie mit dem von mir wie immer bereitgelegten Flaschenöffner entkorken.

Ich werde die beiden Kerzen im Weihnachtsgesteck anzünden, das die Mitte des Tisches ziert und das mit Lametta und goldenen Vögelchen geschmückt ist, deren Schwänzchen wie kleine, glänzende Fächer in die Luft stehen.

Nun werde ich die Suppenterrine mit der Bouillon, in die ich Sternchennudeln geworfen habe, aus der Küche hereintragen, und der Onkel wird, wie immer, sagen: «Ah, Sternchensuppe! Weil Weihnachten ist!», dann den seinen und danach meinen Suppenteller füllen, wobei er immer etwas verschüttet.

Mit einem «Na, da wollen wir mal wieder!» wird er dann schlürfend die Suppe löffeln und sich dabei in meiner Wohnung umsehen. Wie in jedem Jahr wird er feststellen, dass mein Weihnachtsbaum schon nadelt.

Ich werde danach die Suppenteller und Suppenterrine in meine kleine Küche tragen und das Hauptgericht hereinbringen, den nach Zwiebeln duftenden, gespickten Schweinerollbraten, die dampfenden Klöße, die frisch gefüllte Sauciere und das milde Apfelrotkraut. «Hast doch ganz ordentlich kochen gelernt, mein Mädchen», wird der Onkel dabei sagen und anschließend fragen, warum ich eigentlich nie geheiratet habe, und wie jedes Jahr brauche ich nicht zu antworten.

«Hm, auf dieses Essen freue ich mich schon das ganze Jahr», wird der Onkel wieder sagen, wenn er mit seinem Jagdmesser die Kordelschnürung des Rollbratens durchtrennt.

Dann wird er sich, wie immer, eine große Portion von allem auftun und sie schmatzend verzehren. Und er wird sich von Zeit zu Zeit das Gebiss zurechtrücken, das Fett von seinem Kinn wischen und die Flasche Wein, bis auf mein halbes Glas, alleine leeren.

«Ein frohes Fest, mein Kind!» Mit diesen Worten wird der Onkel mir zuprosten. «Essen und Trinken hält Leib und Seele zusammen und tut den Menschen gut, mein Liebes! Blut ist dicker als Wein. Die Familie muss zusammenhalten. Du wirst schon noch sehen.» All das wird er sagen und mir aus wässrigen Augen zuzwinkern. «Wirst schon noch sehen, was ist, wenn ich einmal nicht mehr bin.»

Ich werde wieder, wie jedes Jahr, kaum etwas essen können, auch nicht von dem köstlichen Mandelpudding auf süßem Eierschnee, den es an jedem Heiligen Abend zum Abschluss des Essens gibt.

Und wenn es dann dämmert und der Onkel an meinem Arm zu seinem Taxi gewankt ist, werde ich das Licht löschen, eine Aromakerze anzünden, Tropic Nights, und die Flasche Cognac öffnen, die ich mir in der ersten Adventswoche gekauft habe.

Ingeborg Thomaß

Die Sache mit dem Karpfen

♈♈♈

Dezember 1950, Thüringen

1. 12.

Der Adventskranz ist gebunden und mit roten Bändern geschmückt, morgen werde ich ihn im Treppenhaus aufhängen.

6. 12.

Heute war Backtag. Das ganze Haus riecht nach meinen
Anisplätzchen. In der Nacht hat es geschneit, und der Weg
war nicht gestreut. Es war schwierig, das Brot und die Plätzchen zum Backhaus zu tragen. In der Backstube war viel Betrieb, die Frauen redeten über die Hochzeit im Dorf und
warteten auf die fertigen Brote.

7. 12.

Nach dem Schnee ist es kalt geworden. Am Morgen waren die
Fenster voller Eisblumen. Ich musste viel Holz auflegen, bis
die große Küche warm wurde. Die Braunkohle ist knapp geworden, wir müssen sparen. Wenn die Kinder zu Weihnachten
kommen, soll das Haus warm sein, sonst erkälten sie sich.

8. 12.

Die Hühner legen nicht mehr so gut. Ich will beim Nachbarn fragen, ob sie Eier abgeben. Die Bauern klagen über die
hohen Abgaben, sie haben für sich selbst nicht genug.

10. 12.

Heute kam Nachricht von meiner Hilde, sie kommt am ersten Weihnachtsfeiertag mit ihrem Mann und den Kindern. Sie haben sich Gänsebraten mit Thüringer Klößen gewünscht. Für mich haben sie Bücher ausgesucht, ich freue mich, hab schon lange kein gutes Buch mehr gelesen.

15. 12.

Nächste Woche schlachte ich die Gans. Die drei Gänse machen mir viel Arbeit, sie brauchen viel Futter. Lieber fünf Hühner als drei Gänse.

18. 12.

Gestern habe ich mit dem Hausputz angefangen. Die Schlafzimmer und die große Stube glänzen. Überall ist der Ofen vorbereitet. Der schwere Bohnerbesen macht mir zu schaffen, am Abend war ich ganz erschöpft. Oskar hat den Klavierstimmer bestellt, das Klavier hat zu lange im kalten Raum gestanden, es ist ganz verstimmt.

21. 12.

Letzter Backtag vor Weihnachten. Zweimal bin ich ins Backhaus gelaufen, Streuselkuchen für die Kinder und zwei Brote habe ich gebacken.

23. 12.

Am späten Nachmittag, in der Dämmerung, habe ich meine Gans geschlachtet. Die Hühner waren schon im Stall, als ich meine Sackschürze umgebunden habe, dann stand ich vor dem Holzklotz, die Gans fest zwischen meine Beine geklemmt, da befreite sie sich plötzlich und rennt laut schnatternd über den Hof. Ein Geschrei im Hühnerstall, alles regt sich auf.

Ich rannte meiner Gans hinterher, trieb sie in eine Ecke, aus der sie nicht mehr entwischen konnte, und packte fest zu. Zwischen meine Schürze gepresst hielt ich sie und legte den Kopf auf den Holzklotz, nahm schnell das Beil, und meine Gans war geschlachtet. Ich hielt sie nach unten und ließ das Blut auf den Schnee laufen.

24. 12.
Ich war gerade beim Schmücken der kleinen Tanne, als meine Nachbarin ein Geschenk brachte. In einem Eimer schwamm ein großer Karpfen. Ich brachte ihn in die Waschküche und schüttete ihn vorsichtig in einen Waschtrog. Das wird ein gutes Abendessen.

24. 12. abends
Alles tief verschneit. Ein stiller Heiligabend. Die Gemeinde war vollzählig in der Kirche versammelt, wir feiern das Christfest dort wie immer. Mein lieber Oskar hat schon dreimal gesagt, er freut sich so auf die Kinder.

25. 12.
Ein turbulenter Tag. Meine Gans, gefüllt mit Äpfeln, brutzelte schon im Ofen, da stand meine Hilde mit ihrem Wilhelm und den Kindern vor der Tür. Nach der Begrüßung rannten die Kinder gleich in die Küche, um zu sehen, was es zu essen gibt. Sie freuten sich, als sie die Gans sahen. Hilde übernahm gleich die Zubereitung der Klöße. Die Kinder halfen beim Tischdecken. Mein Oskar verschwand im Keller, um die Getränke zu holen. Mit wichtiger Miene erschien er

und verkündete, er hätte zur Feier des Tages eine Flasche Sekt, 20 Jahre alt. Als alle am Tisch saßen, wurde der Sekt mit Ehrfurcht eingeschenkt. Wilhelm bedankte sich für die viele Mühe, die ich mir gemacht hätte, und wünschte Gesundheit.

Die Kinder beobachteten uns und fingen an zu lachen. Die Erwachsenen verzogen das Gesicht und schüttelten sich, der Sekt war ungenießbar. Oskar war sehr enttäuscht, aber alles war vergessen, als die Gans auf dem Tisch stand. Jeder konzentrierte sich jetzt auf die Stücke, die er gern haben wollte. Wer bekam die Brust, und wer wollte unbedingt einen Schenkel haben. Als die Teller voll gepackt waren, kehrte Ruhe ein. Genüsslich wurde die Gans verspeist, dazu das Rotkraut und die Thüringer Klöße. Die Kinder erzählten, was das Christkind ihnen gebracht hatte. Oskar war wieder guter Laune, setzte sich ans Klavier und spielte Weihnachtslieder.

25. 12. abends

Es wurde Zeit, meinen Karpfen zu schlachten. Ich stieg die Treppe hinunter in die Waschküche und stand vor der Wanne. Kein Karpfen bewegte sich, der Waschtrog war leer. Zuerst dachte ich, er ist rausgesprungen, und suchte in allen Ecken. Ich rief nach oben, und sofort kam die ganze Familie angerannt. Alle suchten jetzt den Karpfen, er konnte nicht weit sein. Wir drehten jeden Gegenstand um, er blieb unauffindbar. Nachdem alle gesucht und nichts gefunden hatten, dachten wir, dass ihn jemand genommen hat, und schlossen die Waschküche ab.

Wir trösteten uns mit den Aufschnittplatten. Nach dem Essen sangen wir Weihnachtslieder und waren alle in guter Stimmung.

27. 12.

Heute habe ich die Betten abgezogen. In der Waschküche roch es nach Fisch. Der Karpfen fiel mir wieder ein. Neben der Wanne stand der gefüllte Wäschekorb. Ich schüttete die Wäsche auf den Boden, und mittendrin lag der Karpfen. Ganz stumpf und ziemlich grau sah er aus.

Gerwine Bayo-Martins

Gans wie Marzipan

Weihnachten ohne Gans kann ich mir gar nicht vorstellen.

Meine beste Freundin ist Beate. Ihre und meine Mutter kümmern sich um die Weihnachtsgänse. Schon im September ruft Beates Mutter meine dann an: «Sie möchten doch bestimmt wieder eine Gans aus Polen, wie letztes Jahr. Soll ich eine für Sie mitbestellen?» «Oh, gern, wir können dann die Gänse zusammen abholen, ich freue mich schon», und meine Mutter freut sich wirklich. Kurz vor Weihnachten ist es dann so weit: Unsere Mütter holen die Gänse ab, im Feinkostgeschäft Cord Stehr am Klosterstern.

Wie ich an diesem Abend nach Hause komme, ruft meine Mutter mich in die Küche. «Sabine, möchtest du die Weihnachtsgans sehen?» Sie steht in ihrem eleganten blauen Nachmittagskleid in der Küche mit dem schwarzweiß gefliesten Boden und hält mir die gerupfte Gans mit beiden Händen entgegen. «Ist sie nicht wie Marzipan?» Ich blicke kurz auf die Gans mit den faltigen gelben Füßen und dem blutigen Schnabel am baumelnden Kopf. «Ja, Mutter», und schnell verdrücke ich mich in mein Zimmer zu meinen Büchern.

Am nächsten Tag ruft Mutter mich zu dem großen Augenblick, wenn die Gans ausgenommen wird. Es ist jedes Jahr das Gleiche, immer ruft sie zuerst: «Niemals darf die Galle verletzt werden, dann wäre die Gans verdorben, merke dir das.» Mutter kommt mir wie eine Ärztin vor, wenn sie mit der einen Hand im Bauch der Gans tastet und konzentriert an die Wand blickt, während sie die Innereien herauslöst. Mit der anderen hält sie die Gans fest, damit sie nur nicht wegrutscht. Die blutigen Innereien breitet sie auf dem Küchenbrett aus. Sie zeigt mir den Magen, die Eier, das Herz und die unverletzte Gallenblase. Und wie jedes Jahr strahlt sie, weil sie über die Galle triumphiert hat. Dann wäscht sie die Gans sorgfältig und legt sie in den Kühlschrank.

Der große Tag der Gans kommt immer erst am ersten Weihnachtstag. Großmutter und Mutter bereiten die Gans gemeinsam zu. Meine Großmutter reist immer vier Tage vor Heiligabend an. Sie bringt Taschen voll eingemachten Birnen- und Pflaumenkompotts mit, auch die Boskop-Äpfel, mit denen die Gans gefüllt werden soll. Nach dem Braten heißen sie dann «Füllsel».

An diesem ersten Weihnachtstag sitzt Großmutter auf einem Küchenhocker und schält die vielen Kartoffeln. Mutter salzt und pfeffert die Gans innen und außen. Die Boskop-Äpfel und Beifußsträuße stopft sie fest in ihren Bauch. Das Hinterteil näht sie mit einer dicken Stopfnadel und weißem Zwirn zu. Der Gänsebraten ist bereit für den Ofen und wird im Bräter hineingeschoben.

Ich schleiche mich aus der Küche und gehe ins Weihnachtszimmer. Meine Geschenke liegen in einer Sofaecke. Ich trage schon mein dunkelblaues Bleyle-Kleid mit Smokstickerei, weiße Kniestrümpfe und neue schwarze Lackschuhe mit gefransten Laschen, bereit für das Festessen. Meine neue Mundharmonika, «Echo Harp» von Hohner, glänzt silbern im rosa Innenfutter der schönen bunten Schachtel. Ich nehme sie und spiele ein wenig darauf. Eine traurige Melodie, genau kenne ich sie nicht. Sie ist mein liebstes Geschenk, das ich mir lange gewünscht habe. Dann lese ich ein wenig in dem Buch «Hand in Hand der Sonne nach» von Betty McDonald und schaue mir die Zeichnungen an. Mutter und Großmutter in der Küche begießen regelmäßig die Gans, ich kann sie hören. Vater rasiert sich im Bad. Obwohl Weihnachten nun da ist, hängt im Wohnzimmer immer noch der Adventskranz mit seinen gelben Kerzen und Schleifen am Kronleuchter. Ich bekomme plötzlich Lust auf etwas Weihnachtsduft vom Tannengrün, so wie an den Adventsnachmittagen, als wir am Kaffeetisch gekokelt haben. Auf dem Wohnzimmertisch liegt eine Schachtel Streichhölzer. Ich nehme sie, rücke einen Stuhl unter den Adventskranz und steige hinauf. Ich reiße ein Streichholz an und halte es ganz vorsichtig an eine kleine Tannenspitze. Das Flämmchen knallt und explodiert. Plötzlich wird aus dem Adventskranz ein Flammenkranz. Ich schreie, springe vom Stuhl und renne auf den Flur. Mein Vater hat das Gesicht voller Rasierschaum und sieht aus wie der Weihnachtsmann. Er stürzt ins Wohnzimmer, reißt das Plaid vom Sofa und beginnt, auf den brennenden Kranz an der Decke einzuschlagen. Mit seiner umwickelten Hand zerrt er den Kranz herunter, rennt ins Bad, wirft ihn in die Wanne und dreht die Hähne auf. Der dicke Wasserstrahl erstickt zischend die restlichen Flammen. Es qualmt und riecht brenzlig. Ich renne in die Küche, gerade als Mutter und Großmutter die Gans wenden wollen. Großmutter hat den Bräter halb aus dem Ofen gezogen, und Mutter hält das Küchenbesteck. Auf ihrer Stirn stehen Schweißperlen, ihr Gesicht ist ganz rot. Wie erstarrt blickt sie auf den Rauch im Flur. Die heiße, fetttriefende, halb gare Gans rutscht in einem sanften Bogen auf den Küchenfußboden. Großmutter schiebt den Bräter wieder in den Ofen.

«Lore, ich helfe dir», ruft sie und bückt sich gemeinsam mit Mutter, um den Braten aufzuheben.

Ich weine und schluchze und rufe immer wieder: «Das wollte ich doch nicht, nur ein bisschen kokeln.»

Die Wohnzimmerdecke ist schwarz. Rauchschwaden ziehen aus dem Bad durch die Wohnung, obwohl alle Fenster jetzt aufgerissen sind. Vater hat sich den Schaum aus dem Gesicht gewischt. Mutter und er rauchen jetzt eine Zigarette auf den Schreck. Ich habe mich in mein Zimmer verkrochen und weine. Großmutter kümmert sich wieder um den Gänsebraten. Der Sturz auf die Fliesen war nicht so schlimm, die Gans ist ja zugenäht und die Füllung drin geblieben, hat sie mir aus der Küche noch nachgerufen.

Mutter weint jetzt auch, als die Aufregung vorbei ist, ich kann sie hören. Vater tröstet sie und kommt dann zu mir: «Beruhige dich doch jetzt bitte, ich weiß, dass du kein Feuer machen wolltest.» Ich kann nichts sagen. Mutter kehrt in die Küche zurück, sie spricht nicht mit mir. Später deckt sie mit Großmutter den großen Esstisch für unser Weihnachtsessen: Gans auf pommersche Art. Dann ziehen die beiden auch ihre Festtagskleider an. Vater im dunklen Anzug zündet mit dem langen Rohr die weißen Kerzen am Weihnachtsbaum an. Wie jedes Jahr reicht der Baum bis zur Decke; die weit ausladenden Äste füllen die ganze Zimmerecke neben der Balkontür. Unter der rußgeschwärzten Zimmerdecke heben wir die funkelnden Kristallgläser vom weißen Damasttischtuch und stoßen mit «Oppenheimer Krötenbrunnen» auf ein frohes Fest an. Die Gans sieht nicht mehr aus wie Marzipan, und meine Haare und mein Kleid, vielleicht sogar meine Lackschuhe riechen nach Qualm.

Rosemarie Anders

Krebs zum Weihnachtsdinner

Noch in meinen warmen Mantel gehüllt, durchquere ich, auf den Stock gestützt, das Zimmer und lehne die Stirn an die große Fensterscheibe.

Mir ist elend zumute, wie jeden Tag, wenn ich aus der onkologischen Abteilung des Krankenhauses heimkehre. Vielleicht vermögen die Strahlen ja wirklich die kranken Zellen zu zerstören und das Entstehen neuer zu verhindern. Die Ängste, die mich seit dem Befund mit dem hässlichen Beiwort «bösartig» in vielen Variationen heimsuchen, sind jedenfalls resistent. Und alle Versuche, sie zu verdrängen, wenig erfolgreich.

Ich löse mich vom Fenster und lasse mich mutlos auf den nächsten Stuhl fallen. Mein Blick verliert sich im Garten. Und plötzlich nehme ich ihn bewusst war und erschrecke.

Der Herbst hat sich ja schon verabschiedet, und ich habe es nicht bemerkt, lebe seit Wochen in einer anderen Zeit. Mein Garten, wo ist seine herbstliche Fülle geblieben? Hatte der Winter in mir seine kalten Schatten so weit geworfen?

Wie Skelette recken die Bäume dürre und dicke Äste in den verhangenen Himmel, ein kalter Wind scheucht graue Blätter um ihre Stämme.

Auch bei den Stauden hat das große Sterben schon eingesetzt, die Stiele haben ihren Saft verloren und hängen geknickt auf dem Boden. Späte Blüten liegen wie Fetzen auf der Erde. Überall Anzeichen von Verfall und Auflösung.

Sogar das Gras auf der Wiese hat die Lust am Wachsen verloren, strohig sieht es aus, wo es nicht von Moos überwuchert und erstickt ist. Die Erde hat sich ausgeblutet, die Beete sehen aus wie frisch aufgeworfene Gräber. Nur wenige Pflanzen vergehen still und in Schönheit wie die letzte gelbe Rose dort am Zaun.

Ja, die Ärzte prognostizieren meine Zukunft als «voraussichtlich komplikationslos». Aber nun habe ich Schwierigkeiten mit der Frage nach dem Sinn meines Weiterlebens. Das Ende ist so bedrohlich nahe gerückt, und die Stationen davor sehen nicht mehr so verklärt aus wie all die Jahre zuvor.

Das ist die Situation an diesem 12. Dezember, als ich mich über meinen Terminkalender beuge, um einzutragen, dass ich heute die 25. Bestrahlung bekommen habe – und es wird nicht die letzte sein.

Plötzlich taucht die Angst mit einem neuen Gesicht auf und heißt Weihnachten! Wie soll ich in diesem Zustand in zwölf Tagen mit den üblichen Vorbereitungen für das Fest fertig werden? Ich lebe allein. Und abgesehen davon, dass ich wegen der Operation nicht in der Stadt nach Geschenken herumlaufen kann – ich würde meinen Gästen, auf die ich mich sonst immer so freue, doch gar keine gute Gastgeberin sein können!

Alles ist doch seit Monaten schon besprochen, meinem Bruder kann ich die Enttäuschung einer Absage auf gar keinen Fall antun. Er ist im vorigen Jahr Witwer geworden und isst so gerne Enten- oder Gänsebraten mit Klößen und Rotkohl.

Und meine Kinder? Die sind zwar schon erwachsen, haben aber noch keine eigene Familie. Sollen sie darauf verzichten, das Weihnachtsfest wie gewohnt bei mir zu feiern?

Ist das überhaupt vorstellbar? Oder würden dann noch mehr Vorwürfe zwischen uns stehen? Ach, all diese Vorwürfe, die überall herumschwirren wie betäubte Schmetterlinge, wenn man krank ist.

Die Tochter isst gern exotisch, ihre Gerichte sind immer stark gewürzt. Der Sohn ist Vegetarier, er liebt alles möglichst roh. Beide wirtschaften gern in der Küche, das ist nicht das Problem.

Ich bin das Problem! Schlagartig wird es mir klar. Nach der Entlassung aus der Klinik habe ich «Essen auf Rädern» bestellt, weil ich fürchtete, dass der Moloch Nachbehandlung, der alle Zeit zu fressen scheint, mir nicht genug davon fürs Einkaufen und für die Arbeit in Küche und Haus lassen würde. Ich bestellte es jedoch bald wieder ab, weil es nicht schmeckte. Jetzt habe ich mich auf die Rezepte von «Ernährung bei Krebs» eingelassen, und nun mag ich manchmal sogar wieder essen. Aber diese Kost für meine Gäste als Festessen? Ein geradezu absonderlicher Gedanke, wenn ich an ihre gesunden Vorlieben denke. Wie aber die verschiedenen Essvorlieben unter einen Hut bringen?

Und genau besehen ist es mir immer noch zu anstrengend, länger mit mehreren Menschen gleichzeitig zusammen zu sein. Es wird zu viel geredet, zu einem guten Gespräch kommt es selten. Und ich habe jetzt keine Zeit mehr für Überflüssiges.

Es klingelt, ich fahre hoch, mein Krückstock fällt zu Boden, und als ich endlich die Haustür öffnen kann, steht niemand mehr davor. Ein Strauß Mistelzweige mit einem Brief liegt auf der Matte.

Mistelzweige gehören bei mir seit eh und je zur Tradition in der Weihnachtszeit. Ihre schönen weißen Beeren, die wie

Perlen aussehen, lassen sie geheimnisvoll erscheinen. Und geheimnisumwittert ist sie auch, die Mistel. Ein Zauberkraut, das eine tumorhemmende Substanz enthält. Dreimal wöchentlich bitte ich ihren Extrakt in meinen Körper.

Na fein – der gerade zu diesem Weihnachtsfest passende Tischschmuck ist also schon vorhanden. Und der Briefumschlag enthält ein paar Zeilen mit guten Wünschen und die Nachricht, dass sich morgen ein freundlicher Helfer einstellen wird, den Garten «winterfest» zu machen.

Ich sehe wieder zum großen Fenster hinaus. Lugen im Halbschatten der Berberitze da hinten nicht schon die ersten Christrosen hervor? Und die Zweige des Winterjasmins mit ihren kleinen gelben Blüten vor der roten Klinkerwand der Garage, sind sie nicht schon die ersten Boten des Frühlings?

Strahlen der kurz aufleuchtenden Sonne lassen für einen Augenblick die Federkelche der Waldrebe wie silberne Wolkenschleier glänzen. Und auf einmal weiß ich es wieder: Die Erde, sie birgt ja schon alle Wunder und Freuden des nächsten Jahres, sie ist kein Grab, eher das Bett für einen langen Schlaf. Der Winter ist nur ein Rückzug, um neue Kräfte zu sammeln, eine Zeit zur inneren Reife, auf dass ihr Auftrag erfüllt werde.

Nach meinem Mittagsschlaf wache ich erquickt auf. Es dämmert. Ich habe von Misteln hoch oben in den Bäumen geträumt, und nun plötzlich weiß ich auch, was ich als Weihnachtsessen anbieten werde, komme, wer wolle. Ich werde Karen in Stockholm anrufen, eine große Kiste tiefgefrorener Flusskrebse, das ist es. Der Ast, der leicht am Fenster schabt, ist schon reifbedeckt: Ich werde sie mit zerlassener Butter und Baguette servieren. Weitere Gewürze und Beilagen stehen den Gästen frei – sie sollen sie mitbringen.

Ich werde alles auf mich zukommen lassen, langsam und elegant wie ein Krebs im Wasser. Wer mich unter Druck setzen will, den kneife ich. Es gibt Wichtigeres.

Vielleicht werde ich ja sogar eingeladen und könnte ganz auserlesen woanders tafeln. Aber warum mit der Tradition brechen. Glänzende Flusskrebse, die man erst knacken muss, um sie zu essen oder zu verstehen, sind auch ein Festmahl. Und ein Glas Weißwein am Abend ist erlaubt, Weihnachten vielleicht sogar zwei.

Bärbel Bäthge

Freundesmahl

Das Schneetreiben war vorüber, als Max von der Drehtür auf die Straße geschoben wurde, aber der Wind erfasste ihn sofort. Eine Bö verfing sich in seinem Allwettertrench. Das weiß-braun-schwarze Futter mit dem roten Überkaro nach außen gekehrt, flatterte der offene Mantel um seine Beine, hob sich, und ein Zipfel des Saumes schlug ihm ins Gesicht. Er versuchte, ohne zu stolpern, freizukommen. Sein Schirm rutschte über das linke Handgelenk herab, als er den Mantelzipfel fassen wollte, der fest an seinem Gesicht klebte und ihm die Sicht nahm. Er drehte sich nach rechts zur Hauswand, drückte sich dagegen, bückte sich und ließ den Aktenkoffer aus der linken Hand fallen. Der Schirm folgte, und es gelang Max endlich, mit der Linken den Mantelzipfel aus dem Gesicht zu ziehen. Er angelte nach dem Gürtel, der auf dem Rücken baumelte, schaffte es aber nicht, diesen zu schließen. Mit einer Hand kam er nicht weiter. Er ging in die Knie, ließ langsam den rechten Arm sinken und die längliche Schachtel, die er auf dem Unterarm balanciert hatte, zu Boden gleiten. Es gelang ihm nicht ohne weiteres, die Schachtel geriet aus dem Gleichgewicht, obwohl er darunter als Stabilisator die Weihnachtsausgabe der *Zeit* geschoben hatte, wackelte und landete mit einem Klatsch auf dem Pflaster. Die *Zeit* blähte sich darüber, fächerte sich auf und drohte davonzufliegen. Er setzte einen Fuß auf die Zeitung. Dann begann er umständlich, seinen Mantel zu ordnen, knöpfte ihn zu, schloss den Gürtel und stellte den Kragen hoch. Schade um die Frisur. Sein Stylist würde bei dem Anblick, den er bot, die Augen verdrehen und mit erhobenen Händen «unmöglich» hauchen.

Max stellte ein paar taktische Überlegungen an und entschloss sich dann, die Schachtel auf den linken Arm zu nehmen, diesen an den Körper zu pressen, wobei er den Schirm waagerecht gegen die Rippen drückte und den Griff als Stütze unter die Schachtel schob. Die Zeitung rollte er zusammen. Sie passte nicht in die Manteltasche. Er musste den Aktenkoffer öffnen und versuchen, die wieder entrollte *Zeit*, scharf geknifft, unter den Deckel zu klemmen. Er hob den Koffer auf und versuchte, mit der neuen Lastenverteilung Tritt zu fassen.

«Ciao, Max, fröhliche Weihnachten», rief ihm ein Kollege zu, als er zum Parkplatz hinüberging.

«Schöne Ferien und einen guten Rutsch», wünschten zwei Damen aus der Buchhaltung, die an ihm vorbeihasteten.

Beim Auto angekommen, setzte er den Aktenkoffer zuerst ab, dann schob er die Schachtel vorsichtig vom Schirm aufs Wagendach. Dabei verwünschte er seine Anhänglichkeit an alte Autos, das Dach des Dienstwagens hätte ohne weiteres als Ablage gedient, der Käfer erwies sich als Rutschbahn für die Schachtel. Er musste sie ebenfalls auf dem Boden ablegen, hielt sie mit der Schirmspitze fest und kramte den Autoschlüssel aus der Jackentasche. Jetzt behinderte ihn der zugeknöpfte Mantel. Umständlich verstaute er seine Gepäckstücke auf dem Rücksitz und im vorderen rechten Fußraum, lehnte sich aufatmend zurück und ließ den Motor an.

Er rief sich die letzten Augenblicke im Büro ins Gedächtnis. Hatte er den Vertragsentwurf gesichert und abgespeichert, das Telefon umgestellt, die Safetür verschlossen? Ja, hatte er alles erledigt, schon vor dem jährlichen Glas Champagner bei seinem Vorstand: «Ganz ungezwungen, Max, wir wollen nach der Hektik des Jahres auf ein geruhsames Fest anstoßen.» Hella hatte ihm zugezwinkert. Sie lehnte neben dem Pechstein an der Säule und hob ihm ihr Glas entgegen, als er eintrat. Er bewunderte ihre Gelassenheit. Noch zwei Stunden zuvor wäre beinahe der Vertragsabschluss geplatzt, weil sie einen wichtigen Passus nicht noch einmal überprüft hatte und plötzlich das Wort «ein» anstelle von «kein» dort stand. Geschickt hatte sie das Blatt verschwinden lassen, etwas von der Unzuverlässigkeit der Drucker und einer fehlenden Seite gemurmelt und war nach drei Minuten mit dem korrigierten Text wieder da, den sie dem Klienten strahlend überreichte. Sie hatten es wieder einmal geschafft. Der Auftrag könnte zur ersten Sprosse seiner Leiter nach oben werden. Es wurde ihm bewusst, dass er sich die Arbeit ohne Hella nicht mehr vorstellen konnte. Sie waren ein Team geworden, das wortlos funktionierte. Gesten und Blicke ersetzten längere Diskussionen. Und sie waren erfolgreich. Sehr erfolgreich.

Morgen würden sie gemeinsam mit den Freunden in Urlaub fahren, mit denen sie für heute, Heiligabend, zu einem Weihnachtsessen verabredet waren. Das Essen rückte in den Vordergrund seiner Gedanken. Er hatte sich bereit erklärt, seine Wohnung dafür zur Verfügung zu stellen, sie war geräumig und lag zentral. Außerdem wollte er den ersten Vorspeisengang übernehmen. Bei ihrem letzten Umtrunk nach dem Squash-Training waren Kasper und er auf die Idee gekommen, vor dem Aufbruch in den Urlaub ein Weihnachtsmahl zu veranstalten. Hella sagte zu, und auch Fei und Lea gefiel die Idee. Jeder sollte die Zubereitung eines Gerichts übernehmen. Eine Überraschung für die anderen. Die einzige Bedingung lautete: keine Gans, kein Puter, kein Karpfen, keine Würstchen.

Einstimmig wurde diese Bedingung akzeptiert. Keiner von ihnen wollte in die Weihnachtszwänge geraten, an die sie sich alle so gut erinnerten: die Hektik, wenn das Gas wegblieb, bevor die Gans braun war, wenn der Karpfen in der Badewanne schwamm und keiner ihn töten wollte, die Spitze für den Baum nicht mehr auffindbar war, Wachs auf den kostbaren Teppich tropfte, der Pfarrer in der Mitternachtsmesse fast einschlief, Mutter das Geschenk für die Großtante nicht fand und Ähnliches mehr. Das würden sie sich nicht antun. Sie hatten die Reise gebucht, würden in der Karibik segeln und surfen. Ihren Lieben daheim hatten sie Geschenke geschickt, einheitlich in dunkelgrünes Moireepapier mit rotem Lackband verpackt, wie sich herausstellte. Nun, keiner würde es bemerken, denn die Familien kannten sich nicht untereinander. Grünes Moireepapier und rote Lackbänder waren in diesem Jahr unumgänglich. Ein absolutes Muss, schnörkellos, klar und übersichtlich, ganz ihrem Lebensstil entsprechend.

Max fuhr in die Tiefgarage der kleinen Wohnanlage am inneren Rand der Stadt. Halbkreisförmig gruppierten sich die drei- und vierstöckigen Gebäude um eine kleine Rasenfläche, in deren Mitte ein Weihnachtsbaum prangte. Lichterketten und rote Lackschleifen schmückten ihn. Er sah vor sich den raumhohen Christbaum in der Essdiele seines Elternhauses. Bunte Figuren, Kugeln, Zapfen und Kerzen wurden durch Lamettaketten verbunden, die bei jedem Lufthauch raschelten. Tannengrün war im ganzen Haus verteilt, schmückte die Treppengeländer, die Fenster und Türen. Heiligabend war für ihn mit endlosem Warten verbunden. Und mit Lampenfieber. Er zitterte vor dem Augenblick, in dem er die Geige an die Wange legen würde, die Augen aller auf sich gerichtet spürte – man wartete auf seinen Einsatz und war gespannt auf die Fortschritte seines Geigenspiels seit dem letzten Heiligabend. «Sehr ordentlich, mein Junge, saubere Arbeit.» Großpapas Lob wiederholte sich jährlich, er steckte ihm einen Geldschein zu: «Für Konzertkarten, zum Ansporn für dich, du hast es dir verdient.» Bis zu Großpapas Tod vor zwei Jahren hatte sich an diesem Ablauf nichts geändert, dieses Ritual war Heiligabend.

Max legte die flache Schachtel vorsichtig auf den Küchentisch. Er hatte sich für eine klare Vorspeise entschieden. Graved Lachs, eine Scheibe Limone und eine Messerspitze Honigsenf, angerichtet auf weißem Porzellan. Er würde den Tisch ohne Tischtuch decken. Die silbernen Platzteller und der fünfarmige Silberleuchter, mit weißen Kerzen besteckt, sollten der einzige Schmuck sein. Er fragte sich, was Kasper wohl kochen würde, er hatte eine Suppe versprochen, sehr geheimnisvoll getan und Max gebeten, auf alle Fälle für seinen Gang vorgewärmte Suppentassen bereitzuhalten. Und, bitte, auch einen Blanc de Blancs, aber eiskalt.

Kasper würde die Suppe in einer Art Kochkiste, die er sich gebastelt hatte, auf dem Fahrrad mitbringen. Er lehnte es ab, in der Stadt ein anderes Verkehrsmittel als das Fahrrad zu benutzen. Auch Heiligabend würde er kein Taxi nehmen. Er erzählte gern von den weiten Fußmärschen zum Weihnachtsmarkt, als er noch ein Junge war. Die Kreisstadt lag vier Kilometer entfernt, zu seinem Dorf gab es außerhalb der

Schulzeiten keine Busverbindung. Von seinem ersten Verdienst hatte er sich ein Fahrrad gekauft. Das benutzte er noch heute. Den Aktenkoffer vor sich im Einkaufskorb, die dunklen Hosenbeine mit Klammern zusammengerafft, im Trench und mit Schweinslederhandschuhen war er in der Innenstadt meistens schneller als Max mit dem Auto. Anfangs hielt er stets die kalte Pfeife im Mund, aber vor einem Jahr hatten beide aufgehört zu rauchen. Jetzt fiel er dadurch auf, dass er, noch im Gehen, die Klammern von den Hosenbeinen zog, durch die Brandschutztür im Treppenhaus verschwand und zwölf Stockwerke zu Fuß erklomm, während die anderen den Fahrstuhl nahmen.

Hella rief an: «Hast du das *Zeit*-Magazin mit nach Hause genommen? Heb es auf, ich habe darin ein Foto von einem Interieur entdeckt, das ich Lea zeigen muss. Sie kann es für ihre nächste Installation als Anregung verwenden. Gleich nach Neujahr ist die Eröffnung, Fei wird ihre neue Silberkollektion zeigen. Weißt du übrigens, was die zwei für das Weihnachtsessen kochen werden?» Er wusste es nicht, war aber sicher, dass es ein Gemeinschaftswerk sein würde, eine Komposition aus erlesenen Zutaten, farblich abgestimmt, ein kreatives Gesamtkunstwerk, so lautete das Lieblingswort der Freundinnen. Ihre Galerie lief gut, seitdem sie sich zusammengetan hatten, nicht nur in ihrer Arbeit, auch im Privatleben. Ihr Outing war die Eröffnung der Galerie gewesen. Leas Geschiedener hatte die einführenden Worte ohne Häme gesprochen, er kümmerte sich auch weiterhin um ihre Steuerangelegenheiten und regelte alles Finanzielle, was die Galerie betraf. Fei war durch den Umzug in die Stadt freier geworden. Sie hatte zwar noch Kontakt zu ihrer Familie auf dem Lande, ließ sich aber durch die subtilen Sticheleien der Stiefmutter nicht mehr erpressen. Dieses Weihnachten würde für beide das erste ohne ihre Familien sein. Sie hatten erzählt, nach welch strengen Regeln das Fest im Kreise ihrer Familien zu verlaufen hatte. Friede, Freude, keine Streitigkeiten, Harmonie hatte über die Festtage zu herrschen, egal, wie es unter der Oberfläche gärte. Man sang Weihnachtslieder, beschenkte sich mit nützlichen Kleinigkeiten und besuchte gemeinsam den Gottesdienst. Voller Begeisterung hatten Lea und Fei die Idee des Weihnachtsessens im Freundeskreis aufgenommen, man durfte gespannt sein auf ihren Beitrag.

Es klingelte. Max hatte die Küche aufgeräumt, den Ofen vorgeheizt, Geschirr und Gläser zurechtgestellt. Jeder Teilnehmer sollte sein Gericht selbst wärmen, arrangieren und auftragen. Er nahm an der Tür von jedem einen gefalteten Zettel entgegen. Die darauf vermerkten Gerichte übertrug er mit Filzschreiber auf ein Marmorbrett, das als Speisekarte auf dem Servierwagen lehnte. Seine Vorspeise stand bereits abgedeckt auf dem Tisch. Staunend lasen die Freunde, was er geschrieben hatte. Die Speisenfolge lautete:

- ★ Graved Lachs mit Limone und Honigsenf, wie Max ihn mag
- ★ Lachsjulienne im Kresseschaumsüppchen à la Kasper
- ★ Pochierte Lachsschnitte «La Galleria» an Fenchel, Kapernsabayon und Basmatireis mit Berberitze.
- ★ Mousse vom Lachs auf Käsecroutons, Hellas Traum

Doris Bock

Flugenten

🍴

Der Stausee war im vergangenen März, unmittelbar nach Fertigstellung der Dammmauer, voll gelaufen.

Im regenarmen Süden Namibias ist es ein staunenswertes Ereignis, wenn die Trockenflüsse, die Riviere, schwellend abkommen.

Die tosende braune Flut reißt Gestrüpp, manchmal auch Tiere mit sich. Die ausgetrockneten Flussbetten werden für Stunden zu unüberwindlichen Strömen.

Wir konnten verfolgen, wie innerhalb von wenigen Tagen das Wasser in die Dammsohle einsickerte, Pfützen und Tümpel bildete. Dann entstanden Seen, die sich zu einer großen Wasserfläche verbanden.

Im Laufe der kalten Zeit, Juni, Juli, hatte sich der Schlamm gesetzt, der Stausee schimmerte blau und war fast klar.

Die Hauptstädter kamen in Scharen aus Hunderten von Kilometern Entfernung herbei. Namibia besaß plötzlich eine neue Wassersportoase im karstigen Süden.

Die in den Rivierbetten im Sand lebenden bärtigen Welse waren mitgeschwemmt worden und wuchsen zu dicken, gefräßigen Exemplaren heran. Sie sollen wie Karpfen schmecken können.

Wir lebten oberhalb des Dammes ziemlich einsam in einem einfachen, geräumigen Haus auf einem Plateau. Es bot genug Platz für uns, die Eltern, drei kleine Mädchen und meine Mutter, die aus Deutschland zu Besuch gekommen war.

Die nächste Einkaufsmöglichkeit gab es in einem kleinen, trostlosen Ort, der fast eine Fahrstunde von uns entfernt lag und nur über wellblechartig ausgefahrene Sandstraßen zu erreichen war.

Dezember ist im Süden unbeschreiblich heiß, Klimaanlagen waren in den einfachen Häusern nicht vorgesehen, wir hatten nicht einmal Telefon. Selbst am Wasser spürte man kaum Kühlung. An den Ufern hatte sich kein Pflänzchen angesiedelt, der Boden war zu ausgebrannt. Die brüchigen Steine waren scharf und sengten durch die Sohlen. Aber wir konnten schwimmen, die Kinder mit Schuhen am Ufer planschen, auch wenn wir immer ein leichtes Grauen vor den zuschnappenden und gefräßigen Welsen hatten, von denen zuerst die Bärte auftauchten.

Die Weihnachtstage kamen, einige Freunde aus der Hauptstadt hatten sich angesagt. Sie wollten am Stausee zelten, segeln und Motorboot fahren.

Meine Mutter kannte meine Freundin noch aus unserer gemeinsamen Studienzeit und begann sofort, Pläne für ein gemeinsames, festliches Weihnachtsessen zu entwickeln. Die Armen! Zu Weihnachten ganz allein im Zelt! Das ginge doch nicht!

Enten wären doch eine gute Wahl, meinte sie. Ob Hannes eine Runde bei den Farmern machen könne? Hannes bekam die Zusage eines Farmers, Weihnachten vier Enten zu liefern, die sollten für acht Personen reichen.

Spätestens da hätte ich zur Besinnung kommen und mich gegen ein warmes Essen zur Mittagszeit zur Wehr setzen müssen. Üblicherweise aßen wir zu Weihnachten Salat und eine kalte Suppe.

Ja, wenn es geregnet hätte! Doch der Wetterbericht hatte

uns schon am 22. Dezember jede Hoffnung auf Regen genommen.

Fog along the coast, very hot in the interior.

Nun ja, Annas fürsorgliche Begeisterung hatte mich mitgerissen, außerdem vertraute ich ihren Kochkünsten. Meine eigene Erfahrung begrenzte sich auf Brathähnchen.

Die Beratung über die Beilagen, überhaupt die Zusammenstellung des Menüs, nahm einige Zeit in Anspruch. Inzwischen befand auch ich mich in einem weihnachtlich gestimmten Gastgebertaumel.

Klassische Beilagen wie Rotkohl oder Preiselbeeren fielen aus. Die gab es nicht. Das Gemüseangebot im Ort war dürftig, außer fußlangen Karotten und Roter Bete gab es kein Gemüse, diese dafür sackweise. An Obst gab es nur riesige Wassermelonen, die ersten Äpfel würden im Nachbarland erst im Januar geerntet werden.

Rote Bete sähe zwar hübsch aus, schien uns jedoch nicht so recht zu passen. Also blieben Karotten, die, zu zierlichen Möhrchen geschnitzt, festlich aussehen sollten.

Die Kinder protestierten sofort: «Gekochte Karotten! Iii!» Wir blieben hart, es würde Möhrchen geben.

Auch Kartoffeln konnten wir in großen Säcken kaufen, aber es war eine eigenartige Sorte, ich bekam sie nicht essbar auf den Tisch. Sie kochten und kochten und blieben glasig und waren dann plötzlich zerfallen.

Ein Maisauflauf würde gut zur Ente passen und wäre ein feiner Soßenträger: groben Maisgrieß quellen lassen und dann überbacken, im Land *Stywe Pap* genannt.

Die Frage der Nachspeise war noch zu lösen.

Das verlassene alte Farmhaus im Tal am Fuße des Plateaus, dessen Besitzer es im Zuge des Dammbaues an die Regierung verkauft hatte, lag in einem verwilderten, verwunschenen Garten. Es war der einzige Schattenplatz weit und breit in der sonnendurchglühten, trockenen Fläche, eine Oase. Obwohl nicht mehr gepflegt, hatten einige Orangenbäume und wenige Weinstöcke überlebt. Die Orangen und die Trauben waren klein, sauer und voller Kerne.

Die Orangen würden den Enten einen gewissen Pfiff geben, und aus den Trauben, mit Zucker gekocht und durchgeseiht, könnte man eine Nachspeise zaubern.

Wohlan! Alles war überlegt und durchdacht. Die Enten lagen langbeinig und eigenartig bläulich im Kühlschrank. Anna sagte sachkundig: «Aha! Flugenten. Die brauchen eine Stunde länger.»

Am ersten Weihnachtstag war der Himmel schon frühmorgens schwer vor Hitze. Die trockene Luft hatte Staub aufgenommen, der Dunst nahm dem Himmel alle Farbe.

Kein Lüftchen rührte sich. Hannes fuhr mit den Kindern im Geländewagen die holprige Serpentine zum Wasser hinunter.

Meine Mutter und ich blieben in der Küche zurück, das Essen sollte um ein Uhr aufgetragen werden.

Die Vorbereitungen zur guten Tat eines völlig unpassenden Weihnachtsessens konnten beginnen. Anna nahm mit geübten Griffen die Enten aus, beschnitt unter Mühen die Flügel. Die langen Beine wurden mit der Axt gekürzt. Sie zupfte mit einer Pinzette die zahlreichen kräftigen Kiele heraus, würzte die Enten von innen und außen.

Mit einer Häkelnadel hatte ich die Kerne aus den Orangen herausgepult. Viel Fruchtfleisch blieb nicht übrig.

Einige Orangen füllte ich in die Enten, die dann dressiert und zugenäht wurden. Ein wenig Wasser wurde in die Fettpfanne gegossen. Die Enten kamen hinein, wurden mit Orangenscheiben umlegt und in den vorgeheizten Ofen geschoben.

Es war halb neun. Bis ein Uhr sollten sie gar und knusprig sein. Die Küche war bereits unbeschreiblich heiß. Fenster und Türen mussten geschlossen bleiben. Fliegen hatten sich untereinander benachrichtigt, dass es auf dem Berg ein Festmahl gäbe.

Der Maisbrei war zum Überbacken fertig, die zurechtgeschnitzten Karotten gedünstet. Sie brauchten nur kurz erhitzt zu werden.

Der Traubensaft, mit Schlagsahne vermischt, gefror im Kühlschrank. Selbst gemachtes Traubeneis, in Afrika, zu Weihnachten!

Die Enten im Ofen begannen zu duften. Anna begoss sie in Abständen mit Salzwasser. Zwischen den Kücheneinsätzen flohen wir aus der backofenheißen Küche, draußen im Schatten war es nur heiß.

Meine Mutter war heiterer Laune in Erwartung der Gäste und summte Weihnachtslieder. Ich wünschte nur, dass das Essen vorüber wäre und ich ins Wasser springen könnte.

Inzwischen war es elf Uhr. Anna prüfte die Entenhaut und meinte, dass die noch ziemlich zäh wäre, nun ja, Flugenten. Aber die wären nicht so fett und hätten kerniges Fleisch, viel geeigneter zum Braten als die fetten Zuchtenten.

Meinte meine Mutter.

Es wurde Zeit zum Tischdecken. Stühle wurden um den ausgezogenen, weiß gedeckten und mit Sternen geschmückten Tisch gerückt.

Um eine festliche Dämmerung zu erzeugen, wurden alle Vorhänge zugezogen.

Die Enten sahen betörend braun und knusprig aus, die Küche duftete nach Orangen.

Kurz vor ein Uhr, wir hatten um Pünktlichkeit gebeten, hörten wir die Autos den Berg hinaufkommen. Hannes setzte sich mit den Gästen auf die Veranda und holte kaltes Bier. Trotz der Hitze hatten alle Hunger, der Enten-Orangenduft wurde genüsslich kommentiert.

Die Kinder, müde, quengelten.

Meine Mutter und ich hatten die Enten aus dem Ofen genommen, auf ein Brett gelegt und begannen, sie mit einer Geflügelschere und einem scharfen Tranchiermesser zu zerteilen. Die Entenhaut widersetzte sich jedem Einschnitt.

Mit einem Sägemesser konnten wir die Haut am Schenkel so weit einritzen, dass theoretisch die Möglichkeit bestand, mit der Schere die Bresche zu nutzen und die Schenkel abzutrennen.

Es war nicht möglich.

Anna, erfahren, sagte, dass wir nun leider Gewalt anwenden müssten. Die Ententeile würden auf der Platte nicht sehr ordentlich aussehen. Jede von uns nahm ein trockenes Küchentuch, ergriff einen Schenkel und riss daran, eine Art Tauziehen.

Die erste Ente dehnte sich etwas, blieb jedoch beieinander, ebenso wie die anderen drei.

Ich beschrieb den Gästen die Situation. Hannes kam ungläubig in die Küche. Auch er scheiterte bei den Zerlegungsversuchen. Meine Mutter nahm deprimiert am Tisch Platz.

Unser Weihnachtmenü bestand aus *Stywe Pap,* Möhren und einer gar nicht entenfettigen Soße. Eine große Platte mit

Käsebroten bildete nach dem ziemlich sauren Eis den Abschluss des Festmahls.

Doch wenn schon nicht wir, so sollte Hund Schmidt ein gutes Weihnachtessen bekommen. Wir riefen ihn.

Bis dahin hatte er, Desinteresse an den Bratendüften vorgebend, im Schatten gelegen. Er war noch beleidigt, dass er nicht mit dem Auto an den Stausee mitfahren durfte, deswegen beeilte er sich auch nicht.

Wir legten ihm notgedrungen eine ganze Ente in den Napf. Solche Völlerei war er nicht gewohnt. Deshalb umkreiste er die Schüssel etwas misstrauisch und beschnupperte den Vogel. Also, es schien, als röche das Angebot gut. Er ließ sich umständlich nieder, nahm die Ente zwischen die Pfoten und begann mit schief gelegtem Kopf zu kauen. Es löste sich kein Fleisch.

Verblüfft drehte er sie um und unternahm auf der anderen Seite einen Versuch. Auch der war erfolglos.

Mit gerunzelter Stirn und einem traurig fragenden Ausdruck in den Augen stand er schwerfällig auf, er war nicht mehr der Jüngste, ging suchend auf dem Felsplateau umher, bis er eine Stelle zwischen den Steinen fand, in der loses Geröll lag.

Er scharrte mit den Vorderpfoten ein Loch, so tief es eben ging, zerrte die Schüssel bis zum Loch und vergrub die Ente mitsamt der Schüssel. Er würdigte uns keines Blickes. Später verweigerte er auch seine gewohnte Abendmahlzeit.

Meine Mutter war über das Entendesaster empört und verlangte von Hannes, dass er sich beim Farmer beschweren solle.

Der lachte nur und meinte, er hätte sich schon gewundert, dass wir sie gerupft haben wollten. Makau-Enten, wilde

Flugenten, werden mit Federn vergraben und mit Glut bedeckt. Am nächsten Morgen schält man sie aus dem Federkleid, dann seien sie zart und schmeckten köstlich.

Schmidt hat die Ente nicht, wie sonst seine alten Knochen, wieder ausgegraben.

Ursula Schubert-Müller

Der Weihnachtskarpfen

«Nehmen Sie doch mal das Kind dran, schließlich ist heute Weihnachten», schimpft die Frau im grünen Anorak. «Sie gehört zu mir», antwortet Mutti, «und ich möchte nur den Karpfen für Schmidt abholen, der ist schon bezahlt.» «Wir haben alle bestellt», rufen die vielen Leute im Laden. Aber der Fischhändler gibt schon ein Päckchen über die Theke und meint: «Alles gesäubert, längs halbiert und in Portionen geschnitten. Und hier das Pappschälchen mit dem Karpfenblut. Es ist fest verschlossen. Es kann nichts auslaufen.» Mir wird schlecht. Wäre ich doch nicht mitgegangen. Und es sind trotzdem noch sieben Stunden bis zur Bescherung. Daheim legt Mutti den Karpfen erst einmal in den Kühlschrank. Dann das Pappschälchen mit dem Blut. «Wenn du das auch ins Essen tust, will ich nichts», erkläre ich. Mutti erzählt was von Karpfen auf polnische Art, und da gehöre das Zeug hinein, und Oma hätte das an Weihnachten immer so gemacht, und deshalb bekommt Papa das auch immer wie früher bei seiner Mutter. Und überhaupt würde das sehr gut schmecken. Das hat Mutti schon so oft erzählt. Und immer so einen roten Kopf dabei gekriegt wie jetzt. «Kann ich dir noch was helfen?», frage ich und weiß doch schon, was kommt. Richtig: «Räum lieber dein Zimmer auf. Und um zwölf gibt's Suppe.» Na, bis dahin ist es wenigstens nur noch eine Stunde. Mein Bett ist schnell gemacht. Der Ranzen kommt in den Schrank, und das Mathebuch lass ich auf meinem Schreibpult liegen, dann denken sie, ich lerne und die Fünf geht weg. Oma kann's nicht verraten, die steht ja nur im silbernen Rahmen auf meinem Pult und auf Vatis Schreibtisch, und im Wohnzimmer hängt sie auch nochmal. Mutti hat das gemacht, damit Vati nicht so traurig ist, dass sie nicht mehr unter uns weilt. Endlich gleich zwölf Uhr. Zusammen essen ist doch interessanter. Mutti und Vati sind schon in der Küche. Und Susi ist mit einem lauten Miau auch noch mit reingeschlüpft. «Fantere nicht, hier steht dein Töpfchen», redet Vati, wie immer, ein bisschen streng mit ihr. «Kann ich dir etwas helfen?», fragt er dann, und Mutti meint, vielleicht nachher den Meerrettich zum Fisch reiben, damit er so frisch auf den Tisch kommt wie bei Oma. Da geht Vati richtig hoch. «Komm mir bloß nicht mit so was. Meerrettich reiben, Rotkraut schneiden und all das, das musste ich bei meiner Mutter ständig machen.» Und darauf Mutti: «Aber du hast dich doch schon als kleiner Junge so rührend um sie gekümmert, wenn sie Migräne hatte.»

«Na ja, aber wie war das eigentlich Weihnachten bei euch?», fragt Vati. «Ach, nur kalte Platten. Die Eltern tranken Punsch, und mein Tee schmeckte so ähnlich. Und danach haben wir viel getanzt», erzählt Mutti. «Na, das hätt's bei meinen Eltern nicht gegeben», meint Vati. «Eben», seufzt Mutti.

So gegen halb fünf darf ich Mutti zugucken, wie sie den Karpfen macht. Früher hat sie immer gesagt, ich würde sie nur nervös machen. Heute legt sie mir das Rezept hin, und ich darf sogar die Zutaten auf den Tisch tun: Essig, Salz, ein Suppengrün, eine Zwiebel, Butter, Bier, Lorbeerblätter, Piment, Pfefferkörner und dann noch Pfefferkuchen, Zucker, Zitrone und Rotwein. Und dann steht da, was Mutti jetzt machen muss. Zuerst wäscht Mutti die Fischstücke, tupft sie trocken und reibt sie mit Salz ein. Als sie das Suppengrün schneidet, kommt Vati rein. Er fragt sie nach einer Adresse, die auf seinem Schreibtisch gelegen hätte. «Geh inzwischen den Tisch decken», sagt Mutti. Sowieso. Wenn's Krach gibt, bin ich nicht gern dabei. Für uns drei habe ich rasch alles hingestellt, obwohl ich extra langsam mache. Mal hören, was in der Küche los ist.

«Wir müssen mal wieder etwas gemeinsam unternehmen, aber du hast so wenig Zeit für mich, seit du wieder arbeitest», sagt Vati, und seine Stimme klingt ganz anders als vorhin. «Vielleicht schon nach Weihnachten», meint Mutti. Als Vati aus der Küche kommt und Susi ihm über den Weg läuft, streichelt er sie sogar ein bisschen. Mir ist es gar nicht mehr langweilig. Mutti dünstet jetzt das Suppengrün und die in Würfel geschnittene Zwiebel in Butter an und gießt das Bier dazu. Jetzt gibt sie Lorbeerblatt, Piment- und Pfefferkörner dazu und stellt die Backuhr auf fünfzehn Minuten, denn so lange soll alles leise kochen. Dann legt sie die Karpfenstücke hinein, setzt die Butter in Flöckchen drauf. Jetzt muss der Fisch noch zwanzig Minuten ziehen. In der Zeit reibt Mutti den Pfefferkuchen für die Soße und flüstert mir zu: «Das Blut habe ich weggeschüttet. Es schmeckt auch so.» Der in verdünntem Essig gequollene Pfefferkuchen kommt in den Sud. Dann noch etwas Zucker, Salz, Zitronensaft und ein bisschen Rotwein. Als der Wecker wieder klingelt, nimmt sie die Karpfenstücke raus. Den Sud gießt sie durch ein Sieb in einen Topf. Dann tut sie noch etwas Butter rein. Jetzt müssen die Karpfenstücke in dieser Soße noch etwas ziehen. Vati und Mutti stoßen inzwischen mit Sekt an, und mein Saft schmeckt mir auch. Besonders, weil Vatis und Muttis Augen heute so anders aussehen. Vor dem Essen ist Bescherung. Mein neues Sonntagskleid sieht unter dem Christbaum noch schöner aus als vorher im Laden. Auf den dunkelblauen Taft sind bunte Blumen gestickt, und der Rock hat so schön geraschelt beim Anprobieren. In vier Wochen, bei meiner Geburtstagsfeier, ziehe ich es das erste Mal an. Vati blättert jetzt in dem Buch über Zierfische, das Mutti ihm geschenkt hat. Vielleicht kauft er dann noch neue für sein Bassin. Jetzt macht Mutti das Kästchen auf, das Vati ihr gegeben hat. «So ein teures Geschenk», sagt Mutti und gibt Vati einen Kuss. Er macht ihr den Anhänger gleich um. Mutti hat heute ein neues Kleid an mit einem Ausschnitt, da leuchtet der rote Stein so schön. Als wir anfangen wollen mit Essen, schauen beide auf ihren Teller mit dem Karpfen. Dann sehen sie sich wieder an. Plötzlich sagt Vati: «Ich hasse Karpfen, ich habe ihn schon immer gehasst.» Mutti hat in ihrem Fisch nur rumgestochert und sagt: «Ich auch.» Aber ich esse weiter und sage: «Wenn es Karpfen gibt, ist Weihnachten.» Susi kommt rein und schnurrt. Auf einmal nimmt Vati seinen und Muttis Teller und geht damit in die Küche. Susi hinterher. Wir hören Tellerkratzen und dann Vati: «Hier, Olga, ein letztes Weihnachten für dich.»

Anne Bach

Thüringer Klöße

♈♈♈

Es ist Krieg. Es gibt keinen Gänsebraten am ersten Feiertag, Weihnachten 1942. Einen Gänsebraten kennen die Kinder nur aus den Märchen, die ihnen die Mutter abends vorliest. Seit drei Jahren ist Krieg. Die Lebensmittel werden immer knapper. Aber dem Vater ist es gelungen, einen Sack Kartoffeln aufzutreiben. Die Mutter hat von den ersparten Lebensmittelmarken Fleisch gekauft. So wird es das Lieblingsessen der Familie, Thüringer Klöße mit Gulasch, als Weihnachtsessen geben. Alle dürfen bei der Zubereitung helfen, auch der Vater. Das ist für die vier kleinen Mädchen ein großer Spaß, auf den sie sich lange im Voraus freuen.

Charlotte, die Achtjährige, freut sich auf das Fest in der Küche, als sie beim Aufwachen daran denkt. Dicke, runde Klöße werden sie essen. Mit ganz viel Soße. Doch vorher will sie ihrer Puppe guten Morgen sagen. Sie kriecht aus dem warmen Bett, ganz leise, damit ihre Geschwister nicht aufwachen. In ihrem langen Nachthemd schleicht sie hinüber ins Wohnzimmer, wo die Puppenküche, der Kaufladen und das Puppenbett seit gestern Abend stehen. Sie nimmt ihre Puppe in den Arm. Nun steht sie mit ihr vor dem großen Weihnachtsbaum. Sie friert, weil Vater das Feuer im Ofen noch nicht angezündet hat. Sie hockt sich auf den Fußschemel und bewundert wieder die kleine silberne Trompete, die direkt vor ihrer Nase hängt. Vorsichtig versucht sie, einen Ton zu blasen. Aber vergeblich. Dann entdeckt sie das

Glöckchen aus Schokolade. Sie kann nicht widerstehen und lässt es auf der Zunge zergehen. Charlotte denkt an die brennenden Kerzen gestern Abend.

Das war ein Leuchten, vor dem sie keine Angst zu haben brauchte. Anders als die Christbäume am Himmel. Die erscheinen immer über Frankfurt, ehe die Bomben auf die Stadt abgeworfen werden. Sicher weil Weihnachten ist, haben heute Nacht nicht die Sirenen geheult, vermutet Charlotte. Sie drückt ihre Puppe fester an sich. Die nimmt sie immer mit in den dunklen, feuchten Keller. Von ihrem Weihnachtsplätzchenteller probiert sie nun einen Heidesand. Manchmal, wenn das Brummen der Bomber schwächer geworden ist, darf sie an Vaters Hand mit nach oben in den Hof gehen. Dort stehen die alten Männer, die nicht mehr in den Krieg müssen. Sie beobachten die Scheinwerfer der Flak und die Christbäume, bis ein Dröhnen in der Luft den Rückflug ankündigt. Dann wird es gefährlich, und sie müssen schnell zurück in den Keller. Einige Bomben sind auch schon auf ihre Stadt gefallen, erinnert sich Charlotte. Sie streichelt und küsst ihre Puppe. Sie will nicht mehr daran denken. Sie weiß nur, dass ohne den Vater alles noch viel schlimmer wäre. Die meisten Väter sind lange im Krieg, manche schon gefallen, kehren nie mehr zurück. Wie lange wird er noch bei uns sein?, denkt das Mädchen. Ihm ist die Fußbehinderung des Vaters nie aufgefallen. Er kann einfach nicht so gut marschieren wie andere Männer. Es fängt an zu zittern, spürt die Kälte wie einen Schauder auf der Haut. Ehe die Tränen hervorstürzen, springt es auf, um den Vater zu suchen. Es muss ihn gleich ganz fest an sich drücken. Die Puppe fällt zu Boden, als es in die Küche rennt.

Dort, in der Wohnküche mit der schrägen Dachwand, haben Vater und Mutter bereits mit der Arbeit begonnen. Sie stehen am Wasserstein und schälen die dicken Kartoffeln, die für die Thüringer Klöße roh verarbeitet werden. Die kleinen kochen schon im Topf auf dem Gasherd. Der Vater wundert sich, als ihn Charlotte so lange umarmt, als wollte sie ihn gar nicht mehr loslassen.

«Nun zieh dich aber schnell an und wecke die andern», bittet die Mutter. «Wir brauchen euch bald zum Kartoffelreiben.» Auch das Frühstück darf nicht so lange dauern, weil der Tisch gebraucht wird. Auf der Wachstuchdecke stehen schon die Becher für den Kakao, den die Mutter extra für Weihnachten aufgehoben hat. Und ein großer Teller voller Zettel, das sind halbrunde Hefebrötchen, von der Mutter gebacken. Dazu echte Butter, keine Margarine wie sonst immer. Bis die Kinder fertig sind, hat der Vater die Asche aus dem Kachelofen im Wohnzimmer hinunter in den Garten getragen und Holz, Eierkohlen und Briketts aus dem Keller geholt. Er heizt den Ofen an und legt im Herd in der Küche einen Brikett nach. Hier ist es immer warm, weil ein in feuchtes Zeitungspapier gewickeltes Brikett nachts das Feuer weiterglühen lässt. Alle anderen Zimmer sind kalt, auch das Badezimmer. Die Mädchen machen nur Katzenwäsche heute. Niemand kontrolliert, ob sie richtig ihre Zähne putzen. Viel interessanter ist es, in die vereiste Fensterscheibe ein Loch zu hauchen. Schneller als sonst ziehen sie ihre kratzenden Strümpfe an. Die Großen helfen den Kleinen beim Schließen der Strumpfhalter, die am Leibchen baumeln. Alle stöhnen, dass sie heute die feinen Bleyle-Strickkleider anziehen müssen. Die kratzen noch mehr als die Strümpfe. Aber beim ersten Schluck Kakao ist es vergessen. Vater hat beim Frühstück das Radio eingeschaltet. Charlotte zuckt zusammen, als sie die ersten Töne der

Fanfare hört, mit der immer die Sondermeldungen vom Krieg angekündigt werden. Sie hasst diesen kleinen schwarzen Volksempfänger, der neben dem Kamin an der Wand hängt. Alle müssen ganz still sein, damit die Eltern kein Wort der Nachrichten verpassen. Nur Siege werden gemeldet. Wie viel feindliche Flugzeuge abgeschossen, wie viel Angriffe an allen Fronten erfolgreich beendet wurden. Aber der Führer braucht noch mehr Soldaten, sagt am Ende die laute Stimme im Radio.

Darum müssten alle Reservisten und zurückgestellten Männer mit dem Befehl zur Einberufung rechnen. Charlotte hat die Eltern beobachtet. Sie hat bemerkt, wie sich beide besorgte Blicke zuwarfen. Die Angst um den Vater flackert wieder auf, kriecht in ihr hoch. Sie muss jetzt was tun. Sie springt vom Tisch auf und holt die Schürzen für die Kinder vom Haken an der Wand. Auf, auf, sagt sie, wir wollen endlich anfangen mit dem Kartoffelreiben. Schnell wird der Tisch abgeräumt. Nur die beiden Großen dürfen dem Vater beim Reiben auf der rauen, runden Kartoffelreibe helfen. Die kleineren Mädchen versuchen, die schon etwas abgekühlten Pellkartoffeln zu schälen, die dann durch den Fleischwolf gedreht werden. Das macht ihnen mehr Spaß. Aber alle warten auf den spannenden Moment, wenn der Vater die geriebenen Kartoffeln in einer Mullwindel auspressen wird. Die Mutter hat inzwischen ganz viele Zwiebeln geschält, die sie zusammen mit den Fleischbrocken anbrät. Tränen laufen ihr über die Wangen. Sie öffnet kurz das Fenster, damit der Dampf abzieht, der entstanden ist, als sie Wasser über die gebräunten Zwiebeln und das Fleisch goss. Charlotte schnuppert den würzigen Geruch des Gulaschs.

Und endlich ist es so weit. Über einer großen Schüssel halten alle Kinder die Windel fest, in die der Vater mit der Suppenkelle die geriebenen Kartoffeln schöpft. Nur einen Teil der Masse, denn sie muss jetzt ausgedrückt werden. Mit seinen Händen presst er kräftig. Die Brühe läuft über seine Finger. Auch über die Kinderhände, die alle mitdrücken wollen. Wenn kein Tröpfchen mehr fällt, kommt die nächste Portion dran. Und dann darf gemischt und geknetet werden wie im Sandkasten. Die gekochten werden mit den ausgedrückten Kartoffeln vermanscht, bis die Mutter Einhalt gebietet. Sie hat inzwischen das Rotkraut zubereitet. Sein Duft zieht mit dem Fleischgeruch durch die Wohnung. Während sie nun selbst die dicken, runden Klöße formt, schneidet Charlotte die Brötchenwürfel, die ihre ältere Schwester in der Pfanne röstet.

Immer, wenn die Mutter nicht hinguckt, naschen die beiden eins von den Bröckchen, die so gut schmecken, wie sie riechen. Wenn sie abgekühlt sind, wird die Mutter sie mitten in die Klöße hineindrücken, damit sie schön locker werden. Charlotte läuft schon das Wasser im Munde zusammen, wenn sie daran denkt, wie gut sie schmecken werden. Aber es wird noch eine Weile dauern, bis alles fertig gekocht ist. Sie hat jetzt Hunger und will sich ein Weihnachtsplätzchen von ihrem Teller holen. Auch das neue Buch könnte sie anfangen zu lesen. Die beiden kleinen Mädchen sind längst im Weihnachtszimmer verschwunden, um mit der Puppenküche zu spielen. Nur die Mutter ist noch mit dem Schokoladenpudding beschäftigt, den es zum Nachtisch geben wird, und die ältere Schwester rührt die Vanillesoße an. Als Charlotte mit ihrem Buch wieder in die Küche zurückkommt, sitzt der Vater am Tisch. Er sieht ganz blass aus. Die Mutter steht neben ihm. Sie sieht Charlotte nicht. «Sag es den Kindern heute noch nicht», hört Charlotte sie sagen. Da weiß Charlotte plötzlich Bescheid. Sie verschluckt sich an ihrem Plätzchen, fängt an zu husten. Tränen fallen auf das neue Buch. Die Thüringer Klöße werden ihr heute nicht mehr schmecken. Es ist Krieg.

Elfie Reimer

Gans – und gar nicht

In diesem Jahr sehe ich dem Weihnachtsfest mit etwas gemischten Gefühlen entgegen. Zwar sind bisher alle Vorbereitungen wie geplant gelaufen, der Weihnachtsbaum wartet auf dem Balkon, und selbst der Wetterbericht hat eine weiße Weihnacht versprochen. Nur eine Kleinigkeit bereitet mir Kopfzerbrechen: Was soll ich Weihnachten kochen?

Früher, als sich noch niemand Gedanken über BSE-verseuchtes Rindfleisch, in engen Legebatterien gehaltenes Federvieh oder durch verschmutzte Meere vergiftete Fische machte, war die Auswahl an Angeboten fast grenzenlos. Man musste sich höchstens Gedanken über die Art der Zubereitung machen. Und damit hatte ich keinerlei Probleme.

Diesmal jedoch habe ich ein Problem. Mein Sohn hat seinen Besuch zu Weihnachten angekündigt, genau genommen nur für den ersten Feiertag. Danach fährt er zum Winterurlaub in die Berge.

Christoph ist neuerdings Vegetarier. Auf gar keinen Fall darf ich ihm *tote Tiere* vorsetzen, welcher Art auch immer.

Nun kann ich seine Bedenken zwar bis zu einem gewissen Grad teilen, aber nur Salat und Gemüse schmecken mir auch nicht immer. Mit anderen Worten, ich mache hin und wieder Kompromisse.

Wie aber halte ich es diesmal mit dem Weihnachtsmenü? Aus einem fleischlosen Gericht ein halbwegs festliches Mahl zuzubereiten ist keine Kleinigkeit.

Bücher und Zeitschriften mit verführerischen Fotos von vegetarischen Leckerbissen besitze ich inzwischen in allen nur möglichen Variationen. Je länger ich die Rezepte studiere, umso weniger scheinen sie mir geeignet, daraus ein Festessen zusammenzustellen. Doch ich gedenke, die Herausforderung anzunehmen.

Den Weihnachtsmorgen verbringe ich schwitzend in der Küche. Die sieht aus, als ob ich für mindestens zehn Gäste kochen müsste. Töpfe dampfen, Arbeitsgeschirr stapelt sich auf dem Tisch, und der Backofen verströmt zusätzlich Wärme, wenn ich ihn ab und zu öffne, um meinen Festtagsbraten zu begießen.

Trotz meines vegetarischen Gastes habe ich beschlossen, ein dem Weihnachtsfest angemessenes Essen auf den Tisch zu bringen. Und das ist nun mal ein knuspriger Gänsebraten. Natürlich ist es eine ziemlich verrückte Idee, für mich alleine eine Gans zuzubereiten, aber da man ja heute nicht mehr dazu verurteilt ist, selbst Hand anzulegen und das Vieh zu rupfen und auszunehmen, sondern es bratfertig beim Metzger kaufen kann, bereitet es mir geradezu Vergnügen, meine Kochkünste unter Beweis zu stellen. Auch die Füllung aus Apfelstückchen und Maronen gelingt mir mühelos. Ich bin sehr zufrieden mit meiner Gans. Meinem Vegetarier werde ich natürlich etwas anderes vorsetzen.

Draußen dämmert es. Ich decke den festlichen Tisch und ziehe mich um. Dann trete ich auf den Balkon und atme tief die kühle Winterluft. Vielleicht irre ich mich, aber mir scheint, aus allen geöffneten Küchenfenstern duftet es nach Gänsebraten.

Es klingelt. Das wird Christoph sein. Ich beeile mich, ihm zu öffnen. Da steht mein Sohn, in der einen Hand einen kleinen Weihnachtsstrauß, rote Alpenveilchen zwischen Tannen-grün gebunden, in der anderen Hand ein großes Paket mit einem breiten roten Band und einer riesigen Schleife. Er selbst legt seit ein paar Jahren keinen Wert mehr auf ein Über-raschungsgeschenk von mir. Einen großzügigen Scheck zieht er vor. Ich habe mich, wenn auch widerwillig, daran gewöhnt. Es ist der Preis einer harmonischen Festtagsstimmung.

Ich begrüße Christoph mit einem herzlichen «Fröhliche Weihnachten».

«Hast du doch eine Gans gebraten», stößt er anklagend hervor, noch ehe er meine Begrüßung erwidert.

Er drückt mir den Strauß in die Hand, stellt das Paket ab und umarmt mich – ein wenig knapper als sonst. Dann schält er sich hastig aus dem Mantel, hängt ihn an die Garderobe und flüchtet wortlos ins Wohnzimmer, um dem Bratenduft zu entgehen, der verführerisch aus der Küche in den Flur dringt.

Ich folge meinem Sohn. Trotzig hat er sich auf die Couch geworfen und blickt mich böse an.

«Ich habe keinen Hunger, die Gans kannst du alleine es-sen.»

«Das werde ich auch. Schließlich ist Weihnachten, und ich habe nicht die Absicht, heute Grünfutter und Körner zu es-sen», entgegne ich ungerührt.

«Ich werde eher verhungern, als auch nur einen Bissen da-von anzurühren. Wenn ich gewusst hätte, dass du mir tote Vögel vorsetzen wirst, hätte ich Michaels Angebot ange-nommen und wäre schon heute mit ihm zum Skilaufen ge-fahren.»

«Keine Angst», beruhige ich ihn. «Du bekommst selbst-verständlich ein vegetarisches Weihnachtsessen.»

Misstrauisch blickt er mich an. Am liebsten hätte ich ihm ja eine Dinkelsuppe und Tofuschnitten vorgesetzt, aber da Weihnachten ist, habe ich versucht, mir etwas mehr Mühe zu geben.

Die Vorspeise mit ihm zu teilen fällt mir nicht schwer. Es gibt Staudenselleriesalat mit Orangen und Nüssen. Doch dann trennen sich unsere Speisezettel. Christoph serviere ich einen Teller mit Hirse, grünen Prinzessböhnchen und Schafskäse, während ich mich meinem Festmahl widme. Entsetzt wendet sich Christoph ab, als ich der Gans einen goldbraun glänzenden Schenkel abtrenne und ihn zu dem dampfenden Kloß auf meinen Teller lege. Ein Löffel Rotkohl vervollständigt das altmeisterliche Stillleben auf dem Teller. Herrliche Farben, wunderbarer Duft. Christophs Teller duftet auch, aber nicht nach Weihnachten.

«Kannst du nicht wenigstens den Servierwagen etwas zur Seite schieben, damit ich nicht immer den ermordeten Vogel vor mir sehe», knurrt mein Sohn.

Ich tue ihm den Gefallen. Wir wünschen uns «Guten Appetit» und beginnen mit dem Essen. Ich genieße es.

Christoph isst sehr bedächtig. Er scheint jedes Hirsekorn einzeln zu zählen, während er die kleinen Böhnchen mit einer gewissen Aggressivität auf die Gabel spießt. Das Essen wird nur ab und zu durch die gegenseitige Versicherung, dass es uns sehr gut schmecke, unterbrochen.

«Was gibt es zum Nachtisch?», fragt Christoph schließlich, nachdem unsere Teller leer gegessen sind.

«Rotweinbirne mit Mandelsahne und Biskuit», kündige ich an und sehe, wie sich das Gesicht meines Sohnes aufhellt. Er verspeist zwei Portionen. In harmonischer Stimmung beenden wir das Mahl.

Ich öffne gerührt Christophs schweres Geschenk. Es ist eine Brotbackmaschine. Eine Broschüre mit Rezepten für Vollkornbrot und Gemüsebrot und Dinkelbrot liegt obenauf.

«Wir können sie ja gleich einmal ausprobieren», sagt Christoph, «dann kann ich mir ein Brot mitnehmen.»

Ich fahre den Servierwagen mit der lediglich eines saftigen Schenkels beraubten Gans in die Küche. Morgen werde ich sie meinen Freundinnen Eva und Helen servieren, die sich zum Mittagessen angesagt haben.

Ich zerlege die Gans in Portionsstücke, damit ich sie nach dem Auskühlen, in Folie verpackt, im Kühlschrank unterbringen kann.

Inzwischen hat Christoph die Teller zusammengestellt und bringt sie in die Küche, während ich uns im Wohnzimmer noch ein Glas Wein eingieße. Durch die einen Spaltbreit offen stehende Küchentür sehe ich, wie Christoph sich ein Stück Gänsebrust in den Mund stopft. Seine Augen sind geschlossen, sein Kinn glänzt.

Renate Rauch
Dippehas gefällig?

Was koche ich dieses Jahr zu Weihnachten? Anne, die ich eingeladen habe, weil ihre Mutter, bei der sie mit Jürgen immer Weihnachten gefeiert hat, letztes Jahr gestorben ist, erzählte doch einmal, dass es bei ihnen zu Hause immer Hasenbraten gab. Das war eine mühsame Arbeit, hat Anne erzählt. Die Mutter musste sieben Häute und eine Menge Fett entfernen, bevor sie mit dem Würzen und Braten beginnen konnte.

So kompliziert wird das heute sicher nicht mehr sein, hoffe ich, und studiere einige Rezepte. Der *Dippehas* aus dem «Kochbuch aus Hessen» erscheint mir besonders gut. Da steht auch nichts von Enthäuten. Auf dem Foto sieht er wirklich lecker aus, wie ein richtiges Festessen.

Was sagt denn die so genannte Kochvorschrift? Hase, Schweinenacken, Johannisbeergelee, Pfefferkuchen, Hasenblut; das klingt irgendwie so gewalttätig. Friede auf Erden. Aber in meinem uralten Schulkochbuch steht sicher auch noch ein Rezept. «Kaninchenbraten», ohne Foto. Rücken, Keulen, Läufe, Speckscheiben, Dosenmilch, Gustin. Rücken, Keulen, Läufe – eine tiefe Übelkeit krampft mir den Magen, plötzlich habe ich Tränen in den Augen.

Ein einziges Mal, erinnere ich mich, gab es auch bei uns zu Hause Kaninchenbraten. Es war im Krieg. Papa ist auf Urlaub gekommen. Sein letzter, bevor er in Polen oder Russland auf ungeklärte Weise den Tod fand. Wir haben uns alle wahnsinnig auf ihn gefreut.

Alles ist fast wie früher. Jürgen und ich gehen mit Papa in die Kirche, über verschneite Straßen und Wege, während Mutti zu Hause den Weihnachtsbaum schmückt und das Essen vorbereitet, zusammen mit Tanja, unserem russischen Dienstmädchen.

Wie stolz sind wir beide auf unseren Papa in seiner schicken Uniform. Der Pfarrer, auch in Uniform, begrüßt uns, indem er die Hacken zusammenschlägt und die Arme hochwirft: *Heil Hitler!*

Ungeduldig zappeln wir auf der harten Bank, bis die Ewig-und-drei-Tage-lange-Predigt zu Ende ist.

Als wir voller Erwartung nach Hause kommen, duftet es ganz wunderbar nach diesem einzigartigen Gemisch aus Braten, Backen, süßen Plätzchen und harzigem Tannenbaum. Das Wasser läuft mir im Munde zusammen, aber natürlich wird nicht gleich gegessen.

«Wartet im Kinderzimmer, bis das Glöckchen läutet», sagt Mutti. Gott sei Dank dauert es nicht lange, bis wir in das geheimnisvolle Weihnachtszimmer eintreten dürfen. Papa zündet gerade noch die letzten Kerzen hinter der Krippe an, die Jürgen mit Opa aus Sperrholz und Transparentpapier gebastelt hat. Die Geschenke, die verlockend unter dem Baum hervorlugen, werden wir erst nach dem üblichen Brimborium auspacken dürfen.

Erst liest Mutti die Weihnachtsgeschichte aus der Bibel vor, und danach singen wir Weihnachtslieder, die Papa auf dem Klavier begleitet. Ich trage mit Herzklopfen das Lied vor, das wir in der Schule gelernt haben: *Es ist ein Ros' entsprungen aus einer Wurzel zart ...*

Es ist sehr schwierig, sich auf das Aufsagen zu konzentrieren, wenn man vor Neugierde fast platzt. Jürgen steht schon da wie ein Flitzebogen und ist natürlich schon an den Geschenken, als ich mit den letzten Worten ... *wohl zu der halben Nacht* noch gar nicht richtig fertig bin.

Mutti und Tanja bekommen von mir die ersten selbst gehäkelten Topflappen. Papa überreiche ich stolz das Taschentuch, das ich eigentlich für Oma bestickt habe. Für mich gibt es ein paar warme Fausthandschuhe und einen neuen «Trotzköpfchen»-Band, mit dem ich mich am liebsten gleich in eine Ecke zurückziehen würde.

Schließlich sitzen Papa und wir am gedeckten Tisch, und Mutti und Tanja bringen die dampfenden Speisen herein. Ich frage ganz entgeistert, was das ist, als ich die Schüssel sehe, Braten sehen doch ganz anders aus. «So etwas Leckeres hatten wir auch lange nicht mehr», sagt Mutti begeistert und nicht ohne Stolz über das gelungene Werk. «Das ist Hasenbraten!»

Ich schieße von meinem Stuhl hoch und stürze aus dem Zimmer auf die Veranda. Ganz schlimme Gedanken habe ich im Kopf. Wegen der Kälte ist dort mein Hasenstall mit Petra untergebracht, einem mollig weichen Kaninchen mit einem schwarzen Fleck auf der Nase. Herr Walter, der nette alte Mann von nebenan, hat es mir im Frühjahr geschenkt, weil ich seinen anderen Kaninchen immer Futter abgerissen habe. Petra war noch ganz, ganz klein, als ich sie bekommen habe.

Der Stall ist leer. Am Morgen habe ich Petra noch gefüttert und gestreichelt, und jetzt ist sie weg. Den ganzen Tag habe ich sie vor Aufregung vergessen, ich musste doch so viel anderes denken und tun. Das ist bestimmt meine Petra auf dem Tisch, so eine Gemeinheit. Tränen laufen mir übers Gesicht vor Wut, und mir wird ganz schlecht. Mutti kommt angelaufen und sagt, das ist nicht meine Petra auf dem Tisch, das ist ein anderes Kaninchen, das sie gegen Petra einge-tauscht hat. «Ich habe es doch nur gut gemeint, ich muss doch etwas Ordentliches auf den Tisch bringen, wenn Papa endlich wieder einmal zu Hause ist.»

Ich verkrieche mich in den Korbsessel auf der Veranda, in dem ich sonst mit Petra geschmust habe, obwohl ich vor Schluchzern gar nicht still sitzen kann. Mit wem kann ich jetzt so sprechen und spielen wie mit ihr? Nie wieder wird es so sein wie mit Petra. Nie, nie, nie. Nicht einmal Papa schafft es, mich an den Tisch zu holen.

Irgendwann kommt Tanja, setzt mich auf ihren Schoß und singt mir das traurig-schöne russische Lied, das sie so oft singt:

U Papa bila sabaka. An jejo ljubil.
Ana sjela kusok mjasa. An jejo ubil.
I zjemlje zakapal, i nadpis napisal:
U papa bila sabaka ...

Erst sehr viel später, als ich anfing, Russisch zu studieren, konnte ich die Worte, die mich damals in den Schlaf gewiegt haben, übersetzen: Der Pope hatte ein Hündchen, das liebte er sehr, es fraß das Stück Fleisch, da erschlug er es. Und er be-grub es und schrieb auf seinen Grabstein: Ein Pope hatte ein Hündchen ...

Wie ich aufwache, liege ich zusammengekauert noch im-mer in dem Sessel, aber jemand hat mich mit einer warmen Decke zugedeckt. Trotzdem fühle ich mich mutterseelenal-lein und todunglücklich. Mit einem flauen Gefühl im Magen schleiche ich mich an das Weihnachtszimmer heran und sehe Papa und Jürgen mit der Eisenbahn spielen, während Mutti daneben sitzt und an ihren warmen Sachen für die frierenden Soldaten an der russischen Front strickt.

Auf dem Tisch, auf meinem Platz, stehen mein Weihnachtsteller und ein Glas Milch. Ganz langsam gehe ich zum Tisch, merke, dass Mutti mich angestrengt anschaut, und gucke nicht zu ihr. Ich trinke einen Schluck Milch und schiebe mir eines meiner Lieblingsplätzchen, das mit Zuckerguss, in den Mund. Und trotzdem weiß ich ganz genau, dass mir nie wieder etwas gut schmecken wird. Wahrscheinlich macht jetzt sogar auch das Lesen keinen Spaß mehr.

Ich schaue Papa und Jürgen beim Eisenbahnspielen zu. Natürlich kann ich jetzt nicht mehr mitspielen und Papa bei seinen lustigen Geschichten zuhören. Aber auch Papa ist so anders als sonst. In der einen Hand hält er ein Glas, und seine andere Hand zittert so, dass er die Lok nicht mehr auf die Schienen setzen kann, Jürgen macht das. Dann fängt er an zu weinen, und Mutti sagt: «Papa, trink doch nicht so viel und denke an die Kinder.» Papa redet, als wäre Mutti nicht da. Er redet von Eisenbahnen und Waggons, von Zügen, die Tausende von Juden jeden Tag wie Vieh transportieren. Er hebt sein Glas und schreit, dass es Menschen sind, er redet von Gasöfen, von Lagern, von Vieh, das keines ist.

Mutti ist ganz entsetzt. «Du weißt nicht mehr, was du redest, du bist ja betrunken, das ist doch alles nur Feindpropaganda, du bringst uns noch alle an den Galgen, und das vor den Kindern.» Ich denke, dass der Galgen gar nicht so schlimm ist. Petra haben sie auch umgebracht.

Mutti ist böse und ruft Tanja, die in der Küche Lärm macht. Sie soll uns zu Bett bringen. Und Tanja macht alles, was Mutti will, weil sie die Panjanka ist, wie sie immer sagt.

Ich weiß noch, dass sie uns Katzenwäsche erlaubt hat,

noch ein Plätzchen, und wir mussten keine Zähne putzen. An meinem Bett ist sie dann ganz lange sitzen geblieben.

Ich schaue auf die Küchenuhr. Ich muss ja noch einkaufen. Alles, bloß kein Kaninchen.

Lammbraten. Da fallen mir die hübschen Lämmer auf den Altarbildern ein.

Ich werde mir das Menü vom Chinesen um die Ecke zusammenstellen lassen. Heiße Kartons. Das ist es.

Helge Wagner

Heiße Weihnacht

Drei Tage vor Heiligabend kam ich mit meinem kleinen Sohn Andreas wieder in Pakistan an. Das deutsche Frachtschiff, mit dem wir gekommen waren, lief verspätet ein. So war die Zeit für mich sehr knapp, größere Vorbereitungen für das bevorstehende Fest zu treffen. Immerhin hatte ich den Christbaumschmuck von zu Hause mitgebracht, denn in diesem Jahr bekamen wir erstmals einen Weihnachtsbaum, er wurde von der Lufthansa aus Japan eingeflogen. Das hatte Klaus mir bei seinem letzten Telefonat nach Deutschland noch mitgeteilt. Außer dem Baumschmuck hatte ich einen gut verpackten Weihnachtsstollen mitgebracht, den meine Mutter gebacken hatte, und eine Dose Weihnachtsplätzchen. Für den Festtagskuchen hatte ich Mohn dabei, denn ich war mir nicht sicher, dort so schnell essbaren zu finden. Und eine Dose Rotkraut für den Fall, dass wir wie im Vorjahr eine Gans braten würden, denn Rotkraut hatten wir damals sehr vermisst. Ich hatte auch noch einige praktische Sachen in meinem Überseekoffer, die uns immer fehlten. Zum Beispiel einen Schrubber und einen Besen, falls wir mal selbst Hand anlegen wollten. Der Sweeper kehrte mit einem Strohbesen und putzte in der Hocke rückwärts rutschend, während er den Lumpen an einem Zipfel über den Boden hin und her wedelte. Schon manchmal hatten wir Lust gehabt, wenn die Diener nicht da waren, den Steinboden in der großen Halle, in der sich unser Esstisch und die Sitzecke befanden, einmal selbst richtig zu schrubben.

Als Klaus uns nach Ablauf der Quarantänezeit von einem Tag von Bord abholte, bat ich ihn, doch den Ersten und Zweiten Offizier für Heiligabend zum Essen einzuladen.

Die Familie war froh und glücklich, wieder gesund zusammen zu sein. Als wir unser Haus betraten, freute sich Andreas, dass sein roter Kater Heribert noch da war. Und ich stellte fest, dass die Dienerschaft noch vollständig war. Zu meiner Überraschung entdeckte ich, dass im Garten eine Gans herumlief. So hatte also Klaus auch an das Festessen gedacht, und ich würde Thüringer Klöße und das mitgebrachte Rotkraut zubereiten.

Den Tag vor Heiligabend nutzten wir, um zu dem zwanzig Kilometer entfernten Strand am Arabischen Golf zu fahren. Ich liebte das warme Meer und schwamm mit Klaus weit hinaus. Wir wiegten uns auf den sanften Wellen, während Andreas in der Obhut unseres Dieners am Strand Muscheln sammelte. Als wir zurückschwammen und näher kamen, konnten wir hören, wie er dabei sang:

«*Leise rieselt der Schnee.*
Still und starr ruht der See,
Weihnachtlich glänzet der Wald,
Freue dich, 's Christkind kommt bald.»

Am Morgen des Heiligen Abends buk ich den Mohnkuchen nach dem Rezept meiner Großmutter aus Thüringen. Ich bereitete einen Hefeteig für ein Blech vor. Während der Teig ging, mahlte ich ein halbes Pfund Mohn mit der Kaffeemühle und schälte und hackte ein halbes Pfund Mandeln vom Markt. Nachdem ich den Teig dünn ausgerollt hatte, kochte ich aus fünf Esslöffeln einheimischem Grieß, einem

Päckchen mitgebrachtem Vanillepuddingpulver und zweihundert Gramm Zucker mit einem Liter roher Milch einen dicken Brei. Unter diesen rührte ich den Mohn, die Mandeln und ein halbes Pfund geschwefelte Rosinen aus Nordpakistan. Die Hälfte der Masse verteilte ich auf dem Blech, unter den Rest zog ich zwei Eigelb und den Schnee der zwei Eiweiß. Diese schaumige Masse strich ich gleichmäßig über den Kuchen und schob alles in den Gasofen. Eine heiße halbe Stunde später war der Kuchen fertig.

Unser Koch Remat hatte am Vortag den Auftrag erhalten, die Gans so zu schlachten und zu rupfen, wie ich es ihm im letzten Jahr gezeigt hatte, und nicht, wie er es gewohnt war, nämlich die Haut mitsamt den Federn abzuziehen. Nun sollte er einen großen Eimer neuer Kartoffeln vom Markt schälen.

Zum Nachtisch sollte es Mangos, *monkey bananas*, Feigen, Papayas, Datteln und Mandarinen geben. Für den späteren kleinen Hunger wurde ein üppiger Krabbensalat angerichtet, der in den Eisschrank kam.

Als alles vorbereitet war, fuhren wir auf den Basar, um Geschenke für die Offiziere zu besorgen. Ich hatte während der Reise die beiden ein wenig ausgehorcht, was sie ihren Frauen denn gerne aus Pakistan mitbringen würden. So kauften wir etwas Silberschmuck und zwei prachtvolle Seidensaris und für die Männer selbst jeweils eine handgearbeitete Ledertasche.

Um vier Uhr nachmittags holte Klaus, wie verabredet, mit Andreas die beiden von Bord ab. Wie er später erzählte, gab es einen kleinen Umtrunk beim Kapitän, dem er ein Stück von dem Mohnkuchen und dem Stollen mitgebracht hatte. So hatte ich genügend Zeit, den Baum zu schmücken und die

Geschenke aufzubauen. Die rohen Kartoffeln waren gerieben und ausgepresst. Ich brauchte nur noch die Anweisung für den Grießbrei zu geben, der unter meiner Aufsicht heiß unter die Masse gerührt wurde. Der Koch hatte die Weißbrotwürfel goldgelb geröstet, und er würde zur rechten Zeit die Klöße formen und dabei in jeden einige davon geben.

Nachdem endlich das Auto vorgefahren war, begrüßte ich voller Freude die Gäste. Wir nahmen zunächst in der Sitzecke Platz. Bei Tee, Mohnkuchen und Plätzchen kam die Unterhaltung schnell in Gang, auch wenn die Offiziere noch etwas steif waren. Episoden von der langen Schiffsreise wurden zum Besten gegeben.

An unserem Esstisch hätten bequem acht Personen Platz gehabt. Ich hatte ihn mit der weißen, in Dacca handgewebten, groben Baumwolldecke mit grüner Borte und den passenden Servietten decken lassen. Das einzige Geschirr war einheimisches weißes Steingut, die bunten Schüsseln waren aus glasiertem Ton. Da ich den Weihnachtsbaum nicht plündern wollte, lagen keine Zweige auf dem Tisch. Stattdessen hatte ich Rosenblüten vom Markt holen lassen und sie großzügig verstreut. Es war drückend heiß in der Halle, und der Ventilator überm Tisch wehte die Blätter leicht hin und her.

Feierlich nahmen wir Platz. Dann trugen der Koch und die drei Diener die Speisen auf. Die Gans war beinahe fachmännisch zerlegt. Die Soße hatte die gewünschte dunkle Farbe, und der Duft des Bratens wirbelte uns um Nase und schweißbedeckte Stirn. Als Getränk wurde pakistanisches Bier serviert, das einzige alkoholische Getränk, das man hier kaufen konnte. Wegen des Klimas waren nur die ersten Schlucke richtig kalt. Da die Diener ständig nachschenkten, war es mit diesem kühlen Genuss bald vorbei.

Ich bemühte mich redlich, weihnachtliche Stimmung auf-kommen zu lassen, doch vor allem hatte ich Mühe, die aus-gelassenen Kaspereien von Andreas unter Kontrolle zu hal-ten. Besonders schwierig war es, weil die Offiziere, obwohl sie das Theater von der Schiffsreise her kannten, über Andreas lachten. Das hatten sie sich am Kapitänstisch nicht erlaubt. Oft genug hatte ich ihn wegen Andreas hungrig verlas-sen müssen. Schließlich rutschte er gar unter den Tisch, und alle machten gute Miene zum bösen Spiel, selbst der Vater war geduldig. Die Offiziere langten zum dritten Mal zu. Ich nahm die Schweißflecken auf ihren weißen Uniformjacken zur Kenntnis.

Da es inzwischen dunkel war, gab Klaus das Zeichen, die Kerzen am Christbaum anzuzünden. Verwundert stellte ich fest, dass niemand Nachtisch wollte, dann sah ich, dass die erste von den Offizieren als Weihnachtsgeschenk unter gro-ßer Gefahr, wie sie sagten, eingeschmuggelte Whiskyflasche angebrochen worden war. Wir gingen zurück zur Sitzecke. Andreas war nun ganz mit seinem Fahrrädchen beschäftigt, das ich aus Deutschland mitgebracht hatte. Er radelte damit auf dem langen Flur hin und her, und die Diener halfen ihm dabei. Die Offiziere waren erstaunt über die ihnen zuge-dachten Geschenke. Ich beobachtete, wie sie über die Farbe der Saris diskutierten und diese dann tauschten.

Ich legte Weihnachtslieder auf. Gern hätte ich ein paar be-sinnliche Minuten mit dem Baum gehabt, doch die Runde war inzwischen so fröhlich, dass auch die Diener sich zu uns gesellten. Remats Frau hatte ihr Baby auf dem Arm, und sie sangen gemeinsam auf Urdu ein Lied nach der Melodie von «O Tannenbaum». Sie wurden von den Offizieren begeistert beklatscht. Genau genommen war das Weihnachtsfest, wie ich es mir vorgestellt hatte, nun schon vorbei. Klaus legte Dixieland auf, die Dienerschaft bestaunte eine Weile unsere Tänze und brachte dann Andreas und sein Fahrrädchen ins Bett.

Dass Klaus und die Offiziere bei der zweiten Flasche Schießübungen auf die Kerzen des Christbaumes veranstalteten, sei nur nebenbei bemerkt. Stärker mitgenommen hat mich am frühen Weihnachtsmorgen der Anblick des verkohlten Weihnachtsbaumes. Vor allem dem Baumschmuck, der noch aus der Winterhilfswerksammlung stammte, trauerte ich nach. Wir hatten wohl doch nicht alle Streichhölzer vor Andreas versteckt. Nachdem ich den mitgebrachten Besen und Schrubber eingeweiht hatte, gab ich der Dienerschaft frei und den Krabbensalat mit, dann bereitete ich aus den Resten der Gans mit Mangos, *monkey bananas*, Papaya, Datteln, Feigen und Mandarinen einen Salat. Klaus hatte an diesen Weihnachtsfeiertagen starke Kopfschmerzen, und Andreas war ungewohnt still.

Vom Rindfleisch, das kleiner wurde

🍴🍴

Ich wünschte, Weihnachten wäre schon vorbei. Zumindest das Essen. Wenn ich mal groß bin, will ich keine Familie haben. Dann lebe ich ganz allein wie Tante Irmela.

Wenn ich Mama sehe, wie sie verschwitzt und mit aufgelösten Haaren am heißen Herd steht und sich die Finger verbrennt und nicht weiß, wo ihr der Kopf steht, dann möchte ich nie im Leben ein Festessen machen müssen.

Oma sagt schon zum dritten Mal, dass der Rinderbraten doch sehr klein ist für sechs Personen. Und Mama sagt, dass sie genauso viel gekauft hat wie voriges Jahr.

Natürlich muss ich ausgerechnet heute Mama helfen.

«Hol zwei Weckgläser Erdbeeren fürs Savarin.»

«Sag Papa, dass er, bitte sehr, noch einen Füller Kohlen holen soll und ein paar dicke Buchenscheite, weil man für den Rinderbraten starke Hitze braucht.»

«Hier, nimm die Tasse und lass dir von Papa Weißwein geben für die Soße.»

«Stich mal in die Kartoffeln, ob sie schon weich genug sind – aber wirklich weich, damit sie sich schön pressen lassen und die Kartoffelnester gelingen.»

Kartoffelnester esse ich schrecklich gern, besonders, wenn sie mit Pilzen gefüllt sind. Die Pilze dafür haben wir in den Sommerferien gesammelt, und seit gestern weichen sie schon in Salzwasser. Aber wenn das alles so viel Arbeit macht, dann habe ich gar keine Lust mehr auf das Weihnachtsessen.

Aber Tante Irmela kommt ja. Sie und Onkel Hubert haben mich manchmal in ihrem Auto mitgenommen, dann habe ich aus dem Fenster gewunken, und sicher haben mich alle beneidet. Und ich war mit ihnen in einem Café und habe eine Tasse Schokolade bekommen. Kakao nennt man das nur zu Hause. Tante Irmela hat immer so schöne Dauerwellen und im Winter einen ganzen Fuchs um den Hals und einen persischen Muff. Und sie riecht immer gut. Jedenfalls nicht nach Küche.

Tante Irmela kommt wie immer allein. Onkel Hubert ist im Ausland, hat Oma gesagt und gelacht. Ich glaube, er hat das Auto mitgenommen, denn Tante Irmela kommt jetzt immer mit der Straßenbahn. Und sie wohnt jetzt möbliert, die Ärmste, hat Oma gesagt. Ich weiß nicht, warum sie einem deshalb Leid tun soll, es wäre doch schlimmer, wenn sie keine Möbel in der Wohnung hätte.

Tante Irmela freut sich immer, wenn es etwas Gutes zu essen gibt, obwohl sie ganz dünn ist. «Anneliese, du bist ein Schatz, herrlich, wie du kochen kannst», sagt sie dann zu Mama. Besonders gern mag sie Savarin mit Erdbeeren zum Nachtisch. Deswegen habe ich auch Mama überredet, das zu machen. Mit viel Vanillesoße. Oma hat die Vanillesoße gemacht. Mama hat zwar gemeint, wenn es doch Weihnachten ist, hätte Oma echte Vanilleschoten nehmen können, aber sie hat sie aus Oetker-Päckchen gemacht. Man müsste ja nicht aasen. Und Tante Käthe, die immer in der Küche am Ecktischchen sitzt, sagt dann immer ganz laut, dass Mama das Geld nicht herausschmeißen soll, das ihr Bruder, damit meint sie Papa, so schwer verdienen muss. Sie übertreibt immer furchtbar. Ich weiß nicht, was sie mit schwer verdienen meint, er sitzt meistens gemütlich in seinem Arbeitszimmer und liest oder schreibt ein bisschen und kümmert sich sonst um nichts. Er hat das schönste Leben von uns allen.

Tante Käthe sitzt auch immer nur in ihrer Ecke. Aber sie schält wenigstens die Kartoffeln. Und heute hat sie Möhren geschabt und die Schwarzwurzeln. Die Schwarzwurzeln gibt es immer zu Weihnachten, weil Papa sie gern mag. Man kriegt vom Schaben ganz schwarze Finger, und es ist nur gut, dass es Tante Käthe nichts ausmacht. Sie legt die Wurzeln in eine Schüssel mit Essigwasser und etwas Mehl, damit sie weiß bleiben. Sie erklärt mir immer alles, damit ich es später einmal richtig mache. Aber ich lasse es bestimmt von einem Küchenmädchen machen.

Oma hat den Savarin-Ring aus Hefeteig schon heute früh gebacken, ihn mit dick eingekochtem Erdbeersaft getränkt, und die eingeweckten Erdbeeren werden dann vor dem Essen in die Mitte geschüttet. Wenigstens der Nachtisch ist fertig. Darauf freue ich mich schon.

Inzwischen ist Tante Irmela gekommen. Wenn sie da ist, riecht alles anders. Es ist, als würde die Luft prickeln. Mir kommt es immer vor, als würde Mama dann kleiner und grauer aussehen.

«Ich komme etwas früher, weil ich gerne noch mit meinem Bruder ein Gläschen trinken möchte. Es ist ja Weihnachten. Wie schön, genau wie früher.» Sie sieht sich in der Küche um und meint dann, sie wäre hier bestimmt nur im Wege. Dann zaubert sie eine große Pralinenschachtel hinter ihrem Rücken hervor und schenkt sie mir. Eigentlich wäre ja schon gestern Bescherung gewesen, aber heute würde ich mich sicher auch noch freuen. Und vielleicht würde ich den anderen auch was davon anbieten. Noch nie im Leben habe ich eine so große Pralinenschachtel gesehen. Ich dachte immer, das bekommen nur Damen.

Als Tante Irmela draußen ist, meint Mama, dass sie sich nicht denken könne, woher sie das Geld für so ein Geschenk her hätte. Und Tante Käthe lacht und sagt, dass Mama naiv wäre, wenn sie meinen würde, dass Irmela die Pralinen gekauft hätte. Oder das Parfüm.

Mama will gerade die Schwarzwurzeln aufsetzen, da ruft Tante Käthe aus ihrer Ecke, ob sie nicht wüsste, dass man die in einer irdenen Kasserolle dünsten müsste. Und außerdem müsste wieder ein Scheit aufgelegt werden, damit die Hitze für den Braten stimmt. Und die Brühe für die Suppe müsste doch längst fertig sein. Und ich soll schon mal die Markklößchen aus der Speisekammer holen, die sie gestern gemacht hat.

Mama fällt ein, dass Papa vergessen hat, die Kohle und die Scheite zu holen. Jetzt rennt sie selbst in den Keller.

Beim Begießen findet Mama plötzlich auch, dass ihr der Braten heute wirklich viel kleiner vorkommt als gestern. Und sie meint, er würde anbrennen, weil die Speckschwarte drunter so trocken ist und irgendjemand den Speck bis auf die Borsten abgeschnitten hat. Dabei wirft sie einen Blick in Tante Käthes Ecke. Und sie schickt mich nach der Bratpfanne, damit sie die Pilzfüllung für die Kartoffelnester machen kann. Und sie sieht hinein und sagt: «Die habe ich doch gestern sauber gemacht, wieso ist jetzt Bratfett drin?» Und sie nimmt die Pfanne und hält sie Tante Käthe direkt vors Gesicht. Die stottert ein bisschen rum und meint dann, sie hätte für ihren Bruder eine Scheibe Fleisch gebraten, wo Mama doch gestern Mittag nur die Gemüsesuppe hingestellt hätte, als sie in der Kirche die Blumen gerichtet hat. «Das ist doch kein Essen für einen Mann.» Und Mama regt sich furchtbar auf und schreit: «Was für ein Fleisch?» Tante Käthe sagt ganz leise, dass sie ein Stück vom Braten abgeschnitten hat. Aber nur ein kleines. Oma schaut sie an und sagt, es wäre bestimmt kein kleines gewesen und auch nicht nur eine Scheibe, sie hätte doch ihrem Bruder beim Fleischessen sicher Gesellschaft geleistet.

Als ich gerade denke, dass sie jetzt alle anfangen zu streiten, steht Tante Irmela in der Tür, ihr Gesicht ist ganz rot, und sie geht so komisch. Sie sagt, wir hätten ja den Tisch ganz schön gedeckt, aber die Servietten vergessen. Und Mama soll sie ihr raussuchen, und sie wüsste, wie man sie elegant faltet. Am liebsten hätte ich mir das von Tante Irmela zeigen lassen. Aber jetzt, wo Mama schon so böse ist, hätte sie mich bestimmt nicht gelassen.

«Serviettenfalten ist aber auch das Einzige, was sie kann», zischt sie dann zu Oma hin, «und Papas Weihnachtscognac trinken.» Mama hebt die Bratpfanne, als wollte sie uns schlagen. «Dass mir keiner von euch mehr als eine Scheibe Fleisch nimmt! Und Käthe, du hast heute Magenschmerzen und kannst beim besten Willen keinen Braten vertragen, dass du es nur weißt.» Und Mama geht, um sich ihr Taftkleid und die Perlenkette anzuziehen. Tante Käthe und Oma ziehen sich nicht um, und ich habe mein Samtkleid schon an. Nur die Schürze ziehe ich jetzt aus.

Ich höre Papa und Tante Irmela im Wohnzimmer lachen, Tante Irmela schreit richtig dabei. Oma stellt für den Nachmittagskaffee den Stollen bereit und die Kaffeedose daneben. «Den Kaffee mahle ich heute selbst!», sagt sie und schaut Tante Käthe an. Ich weiß, dass Tante Käthe immer Malzkaffee druntermischt, damit der Bohnenkaffee länger reicht.

«Heute ist Weihnachten, da will ich einen ordentlichen Kaffee!»

Jede von uns nimmt eine Schüssel und trägt sie ins Esszimmer. Im Flur treffen wir Tante Irmela, die noch röter aussieht und ruft: «Ich helfe euch.» Dabei haben wir das ganze Essen schon auf dem Tisch. Plötzlich hören wir ein schreckliches Klirren im Flur, und dann lacht Tante Irmela wieder so laut. Wir alle laufen hin. Auf dem Boden liegt das schöne Erdbeer-Savarin zwischen lauter Scherben. Tante Irmela lehnt an der Wand und ruft: «Fröhliche Weihnachten!»

Beim Essen hat niemand geredet, und der Braten hat auch gereicht.

Gerlind Ulbrich-Däuper

Eierstich

♈♈♈

Zwölf Tage waren wir unterwegs. Mutti hat uns gesagt, dass
wir zu meinem Vater fahren, der als Soldat nach Schleswig-
Holstein entlassen worden war. Er war bei einem Bauern, der
ihm Arbeit, Unterkunft und Verpflegung bot, untergekom-
men. Als man erfuhr, dass wir Kinder nicht genug zu essen
hatten, schrieb uns mein Vater, die Bauersleute möchten,
dass wir zu ihnen kommen. Wir sollten uns sofort auf den
Weg über die Grenze machen.

Nun fahren wir also in einem Einspänner über das weite
Land. Es ist Heiligabend. Bauer Peters aus Wesselburen in
Dithmarschen und mein Vater haben uns in der Kreisstadt
abgeholt.

In Wolldecken gehüllt, sitzen wir drei Kinder schweigend
aneinander gekuschelt mit dem Rücken in Fahrtrichtung.
Gespenstisch recken die Bäume und Sträucher am Wegrand
ihre Zweige in den dunkelgrau verhangenen Himmel. Ich
höre das Mahlen der Wagenräder und spüre das Rattern auf
dem holprigen Weg im ganzen Körper. Still ist das Land, kein
Vogel, kein Tier. Alle Geräusche sind gedämpft. Meine Füße
schmerzen, denn die großen Zehen stoßen an die Schuh-
kappen.

Vor mir sitzen meine Eltern, die sich an der Hand halten
und sich zulächeln. Das also soll mein Vater sein, der Mann
auf dem Foto, das Mutti uns gezeigt hat. Im ersten Augenblick, als ich ihn gesehen habe, meinte ich, unseren Milch-

mann von zu Hause vor mir zu haben. Auf dem Foto sieht er so fröhlich aus. Jetzt trägt er eine Mütze mit Schirm, und so kann ich seine Frisur nicht erkennen, noch nicht einmal ein Haar.

Es sind schon mehr als drei Jahre vergangen, seitdem wir uns das letzte Mal gesehen haben, als mein Vater zu einem Heimaturlaub nach Hause gekommen ist.

Es ist eisig kalt. Die Bauersfrau steht mit ihren fünf Kindern an der Eingangstür, um uns zu begrüßen. In der Diele, in der eine große, schwere Truhe steht, können wir Kinder unsere Rucksäcke ablegen. Auch meine Mutter atmet auf, ihre Reisetasche und den Familienrucksack endlich loszuwerden. Sie fasst sich an die Schultern, die Druckstellen müssen ihr sehr wehtun. Wir ziehen unsere Schuhe aus, reiben die steifen Zehen und streifen Wollsocken über, die uns die fremde Frau überreicht. Frau Peters sagt uns, dass sie diese Socken extra zum Weihnachtsfest für uns hat stricken lassen. Mutti schaut sie erleichtert und dankbar an. Dann zieht sie auch ihre Gummistiefel und Socken aus, ihre Füße sind aufgerieben und die Zehen entzündet.

In diesem Jahr habe ich gar nicht die Tage bis zum Weihnachtsfest gezählt, wie sonst immer. Zu Hause haben wir das Lied gesungen, in das man einsetzen muss, wie viele Tage es noch bis zum Fest sind. Das letzte Mal waren es noch zwölf Tage bis Weihnachten.

Wir alle ziehen die Pullover, Jacken und andere Kleidungsstücke, die wir übereinander getragen haben, aus und legen sie auf die Truhe.

Die Bauersfrau führt uns in die gute Stube, die nur zu besonderen Anlässen geöffnet wird, wie sie sagt. Als Erstes fällt mir der ovale Tisch mit einer weißen Tischdecke in der Mitte des Zimmers auf. Er ist mit Suppentellern, großen und kleinen Löffeln für fünf Personen gedeckt. Sonst stehen im Zimmer nur noch ein Vitrinenschrank und zwei kleine Tische an der Wand. Auf dem Boden liegen mehrere bunte Teppiche. Es ist nicht nur der Kachelofen in der Ecke, der uns angenehm aufwärmt, sondern auch der Pfefferminztee, den man uns bringt.

Das elektrische Licht muss eingeschaltet werden, so düster ist es draußen geworden. Der Bauer meint, es sieht nach Schnee aus. Die fünfarmige Lampe mit tütenförmigen Schirmen, die über dem Tisch hängt, verteilt ein richtig festliches Licht, wie in einem Schloss. Jede Glühlampe leuchtet, ohne zu flackern.

Als unsere Familie an dem Tisch Platz genommen hat, stellt die Hausfrau uns eine Terrine mit Suppe auf den Tisch und geht wieder. Obwohl es viel von der Reise zu berichten gibt, breitet sich Stille im Raum aus. Unsere Familie ist wieder vollzählig.

Nur die Schale mit den Tannenzweigen auf dem Tisch erinnert an Weihnachten. Kein geschmückter Weihnachtsbaum steht in der Ecke, keine einzige Kerze ist zu sehen. Zu Hause in Jena haben wir die Strohsterne am Küchenfenster, den bunten Adventskranz aus Holz, für den wir nur noch drei Kerzen hatten, und die Weihnachtsengel, Kurrendesänger und Räuchermännchen auf dem Flügel zurückgelassen.

Mutti steht auf und füllt jeden Teller mit Suppe, spricht ein kurzes Gebet, und wir wünschen uns guten Appetit.

Diese frische Suppe aus Hühnerbrühe mit Fleischstücken, Gemüse und Grießklößchen schmeckt so gut, dass nur das Schlucken, Kauen und Löffeln zu hören ist. Wir Kinder sitzen, den Stuhl an die Tischkante gezogen, sehr aufrecht und löffeln so ruhig und regelmäßig wie zu Hause unser Metronom, stumm, ohne eine Pause einzulegen. Mein Vater, der mir gegenübersitzt, lächelt mir zu und lässt seine Augen von einem Gesicht zum anderen gleiten. Er streichelt die Hand meiner Mutter, die neben seiner liegt, und seine Augen glänzen. Mutti antwortet auf seine Fragen, aber nicht sehr ausführlich. Auch ihre Augen strahlen, aber ihr Gesicht ist noch ganz weiß. Ganz oft sitzt sie einfach nur ruhig und still da und schaut uns alle an.

Wir Kinder löffeln schweigsam unsere Suppe. Wir hören die Unterhaltung der Eltern, aber haben keine Lust, uns daran zu beteiligen. Mir schmecken die Eiwürfel besonders gut. Man nennt diese Würfel Eierstich, erklärt Mutti uns. Mein kleiner Bruder teilt die Grießklößchen, wie er es bei uns gesehen hat. Die Brühe tropft vom Löffel, aber nicht auf das Tischtuch. Meine jüngere Schwester hat als Erste ihren Teller bis auf den letzten Tropfen ausgelöffelt. Plötzlich hat sie sogar wieder rote Wangen.

Es ist reichlich Suppe da, und jeder kann ein zweites Mal davon bekommen. Wir dürfen so viel essen, wie wir wollen. Als Nachtisch gibt es Apfelkompott mit Sahne. Die hat man von der frischen Kuhmilch abgeschöpft, sagt die Bauersfrau. Ich lecke meine süßen Lippen, mein Bauch ist wunderbar gefüllt. Wir Kinder flüstern jetzt miteinander, so feierlich ist uns zumute.

Der Vierjährige steht als Erster von seinem Platz auf und klettert auf Muttis Schoß. Meine kleine Schwester schaut immer wieder zu unserem Vater, als ob sie versuchen würde, sich zu erinnern, ob sie ihn schon mal gesehen hat. Ich möchte ihn gar nicht anschauen. Ich will mit ihm nichts zu tun haben.

Am liebsten will ich nichts mehr sehen und hören, sondern nur schlafen und träumen. Schließlich ist Heiligabend.

Immer derselbe Salat

Es war das Weihnachtsfest 1949, an das ich mich aus zwei Gründen besonders gut erinnere, erstens, weil ich in diesem Jahr mein erstes Fahrrad geschenkt bekam, und zweitens, weil das in unserer Familie jedes Jahr nach einer alten Tradition bereitete Weihnachtsessen mir plötzlich nicht mehr schmeckte.

Die ganze Familie, das heißt meine Großeltern, meine Eltern, mein jüngerer Bruder und meine ältere Schwester, Tante Annette, die Schwester meines Vaters, und Onkel Wolfgang, der Schwager meiner Mutter, dessen Ehefrau kurz nach dem Krieg an Ruhr gestorben war, traf sich bei uns. Da es uns nach der Rückkehr meines Vaters aus der Kriegsgefangenschaft gelungen war, wieder in unsere alte, geräumige Fünfzimmerwohnung umzuziehen, wollten wir dieses erste Weihnachtsfest, an dem mein Vater wieder bei uns war, so wie früher gemeinsam feiern. 1949 war das Jahr, in dem viele Dinge, die es lange nicht gegeben hatte, wieder zu haben waren, wie meine Mutter nun sehr häufig sagte. Wie gewohnt gingen wir alle gemeinsam in die Christvesper, um uns dann nach unserer Rückkehr zunächst im Wohnzimmer zu versammeln, wo wir den von meinem Vater gekauften und geschmückten Weihnachtsbaum bewunderten. Jetzt wurden die Geschenke verteilt und unter vielen Ahs und Ohs ausgepackt. Ich war überglücklich, dass ich das schon so lange von mir heil ersehnte Fahrrad endlich bekam, und wäre am liebsten sofort draußen damit losgefahren. Die gesamte Familie bat mich, diese herrliche erste Fahrt auf später zu verschieben, wenn wir wieder schneefreie Straßen hätten.

Meine Mutter bat uns dann zum Weihnachtsessen, und beim Betreten des Esszimmers fiel mein Blick sofort auf die bekannte große Glasschüssel, die den von uns allen geschätzten «Polnischen Salat» enthielt. Ein Gericht, welches Jahr für Jahr nur zum Weihnachtsfest auf dem Tisch stand und trotzdem mein Lieblingsessen war. Sogar im Sommer konnte ich, wenn ich an ihn dachte, den Geschmack auf meine Zunge zaubern. Es war spät, ich war hungrig und freute mich sehr darauf. Mein Vater waltete seines Amtes und teilte mit dem großen Löffel jedem eine Portion zu. Ich drängelte mich geschickt etwas vor, um möglichst schnell mit dem Essen anfangen zu können. Doch wie groß war meine Enttäuschung, als ich den ersten Bissen im Mund hatte. Ich musste plötzlich würgen und spuckte ihn schnell wieder aus, was natürlich streng verboten war – das hatte ich auch noch nie gemacht. «Das schmeckt ja eklig, richtig eklig!»

Meine Mutter war entgeistert und bat mich mit schneidender Stimme um anständiges Benehmen. Ich konnte einfach nicht verstehen, warum mein Lieblingsessen plötzlich so abscheulich schmeckte. Mein Vater hatte inzwischen einen Löffel probiert und machte ein zufriedenes Gesicht. Meinen Geschwistern und Tante Annette konnte man auch nichts anmerken. «Ich finde, dass der Salat heute ganz anders als sonst schmeckt. Was hast du denn mit ihm gemacht?»

Meine Mutter begann zögernd zu erklären: «Wie ihr alle wisst, war es euch immer wichtig, dass unser ‹Polnischer Salat› jedes Jahr zu Weihnachten auf dem Tisch steht. In den vergangenen Jahren war es nicht immer möglich, die Originalzutaten zu bekommen. Oft musste ich improvisieren und Zutaten verwenden, die eigentlich gar nicht hineingehörten. Die Originalzutaten sind ein großes Stück Rindfleisch, möglichst vom Bug, Matjes- oder Bismarckheringe, Kartoffeln, Äpfel, Rote Bete und eingelegte Gurken. Wenn ich so zurückdenke, dann haben wir seit beinahe zehn Jahren unseren Salat nicht nach dem Originalrezept gemacht.» Hier stockte sie. Nach einigem Nachdenken fuhr sie fort:

«1941 war kein Rindfleisch zu bekommen, und ich musste auf Schweineschulter ausweichen, das Einzige, was ich beschaffen konnte.»

Da warf Oma ein: «1942 war überhaupt kein Fleisch am Salat, dafür aber Blutwurst. Im darauf folgenden Jahr hatten wir zwar Rindfleisch, aber keinen Hering. Der wurde durch Forelle ersetzt, die Opa bei seinem Angelverein außer der Reihe abzweigen konnte.»

Jetzt meldete sich meine Mutter wieder: «1944 konnten wir aus Notbeständen noch Fleisch in Dosen kaufen. Durch Omas Kontakte zu einem Bauern hatten wir im darauf folgenden Jahr die Möglichkeit, einen Teppich gegen Ziegenfleisch einzutauschen, welches wir dann für den Salat verwendeten. Im Jahr darauf war es noch schwieriger. Es gab nur noch Pferdefleisch. Hering war auch nicht mehr zu bekommen, und wir halfen uns mit gehorteten Ölsardinen. Man konnte auch keine sauer eingelegten Gurken kaufen, sodass wir Salatgurke verwendeten und den Salat mit etwas mehr Essig säuerten. Im Winter 1947 war es ähnlich. Zu allem Überfluss waren damals auch die Kartoffeln noch erfroren gewesen. Jetzt gibt es wieder alle Originalzutaten, und ich habe deshalb den Salat nach dem ursprünglichen Rezept gemacht, wie es seit Jahrzehnten Tradition in unserer Familie ist.»

Kartoffelsalat mit Forelle

Weihnachten läuft bei uns immer gleich ab, das steht so fest wie das Amen in der Kirche, sagt Papa. Das Einzige, was sich so ab und zu verändert, sind die Diskussionen, die sich beim Zubereiten des Essens ergeben.

In unserer Familie ist es Tradition, dass die Kinder die Hauptspeise an Heiligabend vorbereiten, während die Eltern den Baum schmücken und die Geschenke auslegen. Danach wird sich aufs Ohr gelegt, dann sich schöngemacht, und dann gibt es die Bescherung.

Heute jedoch habe ich Mama schon seit dem Frühstück nicht mehr gesehen. Philip und ich binden uns die Schürzen gegenseitig und waschen uns die Hände. Christoph kann sich wie immer nicht von seinem Buch losreißen. Wir meckern im Chor und nerven, bis er es endlich aus der Hand legt. Aus dem Radio dröhnt alles andere als Weihnachtsmusik, und Philip und ich singen mit. Janis Joplin, sie ist erst vor wenigen Monaten gestorben. Christoph bettelt, dass wir aufhören, besonders Philip ist gemeint, weil er ja so gar keinen Ton halten kann. Ich vermisse Mamas Stimme, die uns normalerweise spätestens jetzt bittet, leiser zu sein.

«Haben die sich eigentlich entschieden, welchen Fisch es gibt? Karpfen oder Forelle?», fragt Christoph.

«Forelle natürlich», sagt Philip. Gott sei Dank, so müssen wir ihn nur in die Folie packen mit ein paar Kräutern und Zitrone, ist doch so einfach.

«Und Madam kriegt ihre Extrawürstchen.»

«Was dagegen?» Kampflustig schaue ich Christoph an.

«Klar doch», meint er, «warum darfst du etwas anderes haben als wir? Ich bin auch nicht besonders scharf auf Fisch, und Würstchen schnippeln wir doch sowieso in den Kartoffelsalat.»

Spätestens jetzt fehlt mir Mamas Einwand – jeder darf drei Speisen nennen, die er nicht essen möchte – wo ist sie eigentlich?

«Wie wäre es denn, wenn ihr beiden jetzt damit anfangt und aufhört zu streiten», sagt Philip, der den Fisch bereits gewaschen und gesäubert hat und ihm nun den Bauch mit Kräutern füllt.

Ich bewege mich Richtung Kühlschrank und hole alle Zutaten heraus, um mit der Schnippelei zu beginnen: vorgekochte Kartoffeln, saure Gurken, Zwiebeln, Tomaten, Würstchen und hart gekochte Eier.

«Können wir nicht mal die Eier weglassen?», mault Christoph. «Was würde Omi dazu sagen», wirft Philip ein. «Warum?», frage ich zurück. «Sie schmieren so, zerbröckeln sofort und sehen dann eklig aus.» Eigentlich hat er Recht, denke ich, aber wir haben es doch schon immer so gemacht, und Omi würde bestimmt die Wände hochgehen und sagen: «Habt ihr denn gar kein Gefühl für Tradition? Könnt ihr mir nicht wenigstens einmal im Jahr eine Freude machen?»

«Außerdem ist in der Mayonnaise auch Ei, und so viel Ei ist ungesund und macht pickelig.» Christoph ist hartnäckig. Philip prustet los: «Deine Pickel kommen nicht von den Eiern, jedenfalls nicht von essbaren.»

Die Stimme meines Vaters ertönt aus dem Wohnzimmer. «Ihr habt beide Pickel, fangt also nicht damit an, macht euch jetzt an die Arbeit, die Eier bleiben drin im Salat, heute wird kein Rezept geändert. Ende der Diskussion.» «Huck hawk, der Häuptling hat gesprochen», zischt Philip.

Christoph und ich grinsen. Mama hätte auch gegrinst. Ich betrachte meine Brüder, die aussehen wie Mama. Beide haben lange braune Haare bis über die Schultern. Wenn sie nicht im Internat wären, hätte Papa sie längst zum Friseur geschleift, wie er immer sagt.

Christoph schneidet die Gurken in Scheiben. «Hol mal die Schüssel», kommandiert er. «Hol doch selber, außerdem wollte ich die Gurken schneiden.» «Ach ja, und ich wohl die Zwiebeln und du die Würstchen, und jedes zweite Stück verschwindet in deinem Mund, ja? Kommt nicht in die Tüte, bei mir kriegst du keine Extrawurst.»

«Und ich darf wohl die ganzen Kartoffeln und Eier pellen und schneiden und dann die stinkenden Zwiebeln? Mach ich nicht!», sage ich und merke, dass ich gleich losheulen werde. «Ich bin hier gleich mit der Forelle fertig und helfe dir dann, fang schon an, heute ist zufällig Weihnachten, könnt ihr denn nicht friedlich sein?» Philip schaut mich fragend an. Irgendwie kenne ich den Satz, klingt ziemlich nach Mama. Wo ist sie denn nur?

Im Sommer bin ich als Letzte ins Internat gekommen. Überall werde ich gehänselt, weil ich dick bin, wenigstens zu Hause will ich meine Ruhe. Wir sehen uns ja nur in den Ferien. Meistens verreisen wir, Ski laufen oder an die See, aber Weihnachten sind wir immer zu Hause, wegen Omi. Sie ist es auch, die auf Fisch mit Kartoffelsalat besteht. Sie mag nur Männer, keine Frauen oder Mädchen, und mich behandelt sie von oben herab, weil ich dick bin und keinen Fisch mag.

Die Gurken sind ganz dünn geschnitten, die Zwiebeln

klein gewürfelt, die Tomaten geachtelt, die Würstchen in Scheiben, die Eier geviertelt, die Kartoffeln in mitteldünne Scheiben und dann noch quer durchgeschnitten, und das alles zusammen kommt in die größte Salatschüssel und wird vermengt, nur die Eier bleiben noch liegen.

Christoph holt die Mayonnaise, das Öl, Essig, Pfeffer, Salz, Paprika, Senf und eine kleine Schüssel und den Rührbesen. Er ist für die Sauce zuständig und macht eine Riesenshow daraus. Während er gießt und abmisst, trägt er das Rezept in halblautem Singsang vor. «Zwei Servierlöffel gehäuft mit Mayonnaise. Einen halben mit Essig, anderthalb mit Öl und Senf, ordentlich Pfeffer und Salz und etwas Paprika. Das Ganze wird cremig gerührt, abgeschmeckt und drübergekippt. Zu süßlich», meint Christoph.

Also mehr Gurken und Zwiebeln. Jedes Jahr das gleiche Theater, ich pelle, schneide und hacke unter Tränen. Der Probierlöffel geht herum, und endlich sind wir alle zufrieden.

Jetzt schmeckt der Kartoffelsalat wie jedes Jahr. Die Eier lege ich obendrauf mit Petersilie in der Mitte, und das Ganze wird dann kalt gestellt.

Der Fisch gart im Ofen in seiner Zitronenkräutersauce. Normal trinkt Mama ihren Kaffee um diese Zeit, während wir aufräumen und abspülen. Papa holt dann Omi aus Wiesbaden. Ich decke schweigend den Tisch, versuche ihn festlich aussehen zu lassen. Sonst mache ich das mit Mama zusammen. Meine Brüder verdrücken sich auf ihre Zimmer.

«Warum helfen die eigentlich nie beim Tischdecken?», frage ich jedes Jahr, und Mama antwortet immer: «Männer haben für so etwas kein Händchen.»

Mama erscheint erst, als wir uns zu Tisch setzen. Ihre

Augen sind rot, als hätte sie geweint. Sie nimmt sich Salat und lässt sich Fisch geben, aber sie rührt ihren Teller nicht an. Vor dem Plumpudding zieht Papa sie vom Stuhl hoch und umarmt sie fest. Meine Brüder werden rot und sehen weg. Als ich frage, was los ist, stößt Christoph mir den Ellenbogen in die Seite. Mama setzt sich wieder, ignoriert Omi, schaut Papa an, dann uns und lächelt, als sie ihr Glas hebt und sagt: «Merry Christmas.»

Else Jung
Süß-saurer Kaninchenbraten

🍴

Der Wind pfeift um das Haus, ab und zu fällt Regen, vermischt mit einzelnen Schneeflocken. Ich bin allein in der Küche, und während der Braten im Ofen bruzzelt, hänge ich meinen Gedanken nach, und wie immer an diesem Tag muss ich an die Geschichte denken, die meine Mutter mir erzählt hat und die ich schon an meine Tochter weitergegeben habe.

So ein trüber, nasskalter Tag muss es damals auch gewesen sein, als meine Großmutter in der Mühle das Weihnachtsessen zubereitete. Es war das erste Christfest, das sie mit ihrem Mann verbrachte, sie hatten erst im Frühjahr geheiratet.

Sie hatte ein Kaninchen auf dem Lauterbacher Markt gekauft; eigentlich ein Luxus, den sie sich gar nicht leisten konnten. Das Geschäft ging schlecht, seitdem immer mehr Bauern ihr Getreide in die moderne Mühle brachten, die nicht vom Wasser abhängig war. Dieser Fortschritt macht uns kaputt, hatte der Müller oft schon verzweifelt gesagt.

Es würde keine Geschenke geben, doch die Müllerin hatte ihren Mann mit einem festlichen Essen überraschen wollen, so wie sie es von ihrer Mutter her kannte.

Nach einem Rezept meiner Urgroßmutter, die Köchin im Lauterbacher Schloss gewesen war, wollte sie das Kaninchen zubereiten. Dieses Rezept wurde nie aufgeschrieben, doch sie kannte die Zutaten auswendig: gemahlener Ingwer, Zimt, Korinthen, Zwiebel, Rotwein, Rotweinessig und etwas Zucker.

Sie stellte die Kasserolle aufs Feuer und gab, nachdem das Schweineschmalz heiß geworden war, das in Stücke zerteilte Kaninchen hinein. Das Feuer im Ofen prasselte, und die Katze strich ihr um die Beine.

«Mohrli, du sollst auch etwas bekommen!», sagte sie.

Sie musste an ihren Mann denken, der immer öfter schlecht gelaunt und griesgrämig war.

In den letzten Wochen hatte er zwar die schwere Arbeit allein tun müssen, einen Müllerburschen konnten sie sich nicht mehr leisten; aber ob dies der einzige Grund war? Dass sie nicht haushalten könne, hatte er ihr immer wieder vorgeworfen und sie für die schlechte wirtschaftliche Lage mitverantwortlich gemacht. Dabei hatte sie keinen einzigen Pfennig für sich ausgegeben.

Als das Fleisch knusprig braun war, goss sie die Wein-Gewürz-Mischung dazu und stellte es in den Backofen; es duftete herrlich. Eigentlich müsste die Soße zum Schluss mit Weißbrotkrumen eingedickt werden, aber Weißbrot war nicht im Haus, so nahm sie Mehl.

Der Müller hatte den Mahlstein abgekoppelt, am ersten und zweiten Weihnachtstag ruhte die Arbeit. Er räumte in der Mühle noch ein bisschen auf. Bis zu ihm drang der würzige Duft des Bratens nicht.

Sie deckte den Tisch. Vor ein paar Tagen hatte sie aus Äpfeln und Walnüssen einige Weihnachtsmänner gebastelt. Schön sahen sie aus mit den roten Zipfelmützen aus Papier und den langen Bärten aus Watte. Sie legte zu jedem Teller ein paar kleine Tannenzweige und stellte darauf einen Weihnachtsmann. Dann zündete sie eine Kerze an, und als der Müller hereinkam, nahm sie die Kartoffelklöße aus dem Topf und holte den Braten aus dem Backofen.

Der Müller blieb am Tisch stehen.

Er wurde ganz rot im Gesicht, und die Augen schienen ihm aus den Höhlen zu treten. «Hast du vielleicht einen Goldesel im Stall?», schrie er. «Mir vergeht der Appetit, wenn ich sehe, wie du mit meinem Geld umgehst. Du bist dir wohl zu fein für Beulchen mit Lauch und Blutwurst, und das hätte nicht einmal halb so viel gekostet. Bei uns gibt es nichts anderes an Weihnachten, merk dir das!»

Sie sah den Serviettenkloß aus rohen Kartoffeln vor sich, sah sich den Lauch putzen, dachte an die blutroten Wurstscheiben und schüttelte sich. Keinen Bissen konnte sie hinunterkriegen. Wortlos ging sie hinaus; soll doch die Katz den Braten holen!

So einen Geizkragen sollte man nicht heiraten, sagte meine Mutter immer, wenn sie diese Geschichte an Weihnachten erzählte, und Vater musste ihr noch vor der Hochzeit versprechen, dass es auch in schlechten Zeiten wenigstens an Weihnachten einen guten Braten geben würde.

Hildegard Greis

Noche Buena

An diesem Weihnachtsmorgen liegt wie immer Smog über Mexico City, und es ist sogar relativ kühl. Ich fahre zum Markt, um zwei frisch geschlachtete Hühnchen zu besorgen, die es heute Abend zum guten alten Kartoffelsalat geben wird. Ich liebe diesen Markt mit seinen Ständen, dem herrlichen Obst, dem frischen Gemüse. Wir sind erst seit einigen Monaten in diesem wunderbaren Land, und noch habe ich nicht den Mut gehabt, mich ganz auf die einheimische Küche einzulassen. Bisher essen wir eine manchmal etwas merkwürdige, aber immer köstliche Mischung aus deutscher und mexikanischer Küche. Am heutigen Weihnachtsabend gibt es würzige Hühnchen zum Kartoffelsalat, weil wir natürlich keine Würstchen bekommen.

Vor dem Markt löst sich schnell eine Gestalt aus der Gruppe der wartenden Laufjungen und kommt auf mich zu. Juan! Er strahlt. Juan hat mich seit Wochen adoptiert. Er trägt meine Einkäufe, er erzählt viel, das meiste verstehe ich sogar schon. Er kann nicht älter als zwölf sein. Ein stämmiger Indio mit der bronzenen Haut und den mandelförmigen Augen seines Volkes. Dass ihm seine dunklen, steifen Haare, die büschelweise abstehen, nicht gefallen, hat er mir mal mit heftigen Schlägen auf seinen Kopf erklärt. Ich mag den aufgeweckten Jungen, wir sind so etwas wie Freunde geworden. «Felice Navidad», ruft er und nimmt meinen Korb. Ich frage ihn, was er in der «Noche Buena» machen wird. Er zuckt mit den Schultern, strahlt dann aber wieder und ruft: «Mañana.» Und dann erzählt er, dass er Zuckerzeug bekommen würde und vielleicht, vielleicht auch ein neues Hemd. Ich kaufe noch Erdbeeren, und dann gehe ich bis ans Ende des Marktes, wo ein mutiger Verkäufer etwa zehn Fichten anbietet, die sicher aus dem Norden kommen. Ich suche mir eine schöne aus, und Juan klemmt sie unter seinen linken Arm. Als wir zum Auto zurückgehen, fragt er mich, wie ich den Baum schmücken würde, ob mit Kerzen oder mit elektrischen Birnen wie auf dem großen Platz. Ich erkläre ihm, dass ich in der Tienda Alemana Wachskerzen gefunden hatte und sogar die Kerzenhalter dazu. Dass wir in Deutschland noch Lametta aufhängen würden und bunte Kugeln wie die Amerikaner, aber dass ich ihn dieses Jahr mit kleinen mexikanischen Figuren schmücken werde.

Bei meinem Studebaker angekommen, hilft Juan mir, den Baum so auf dem Rücksitz zu verstauen, dass seine Spitze durch das Seitenfenster ragt. Juan nimmt auf dem Beifahrersitz Platz, er wird mir zu Hause mit dem Baum helfen.

Den Christbaumfuß habe ich aus Deutschland mitgebracht, und Juan erweist sich als äußerst geschickt darin, den Baum anzuspitzen und aufzurichten. Bevor er geht, lade ich ihn und seine vier Geschwister ein, mich nach dem Weihnachtstag zu besuchen und sich den geschmückten Baum anzusehen. Würdevoll und ohne zu zögern nimmt er die Einladung an.

Als es dämmert, verteile ich die Geschenke für die Kinder und uns unter dem Baum, der bezaubernd exotisch aussieht mit den vielen vergoldeten Pappmaché-Engeln, den bunten Miniaturkrippen und den Holzfigürchen. Trotz der Wärme kommt richtig Weihnachtsstimmung bei uns allen auf. Nach der Bescherung versammeln wir uns um den Esstisch, den ich für meine kleinen Töchter mit Schokoladenweihnachtsmännern aus dem deutschen Laden geschmückt habe. Graciella, unsere sehr geschätzte Köchin und Babysitterin, hat die Hühnchen mit Mole zubereitet, einer Soße aus grünen Tomaten, Sesam und Chilischoten, davon allerdings wenig, wegen der Kinder. Den Kartoffelsalat hatte ich schon mittags mit einer selbst gemachten Mayonnaise fertig gemacht und in den Kühlschrank gestellt. Wir sind beim Nachtisch angekommen, frische Erdbeeren mit Sahne, als es klopft. Graciella öffnet, und plötzlich steht Juan mit vier weiteren kleineren Kindern in unserem Esszimmer. Erstaunt blicke ich ihn an. Seine Geschwister treten verlegen hinter ihn, doch Juan erklärt ganz gelassen, dass ich ihn doch eingeladen habe. Er habe mir auch etwas mitgebracht. Er nimmt den Weidenkorb, der mit einem Tuch abgedeckt ist, vom Arm und stellt ihn auf den Tisch. Dann holt er eine Schüssel mit etwas, was wie Obstsalat aussieht, heraus. Stolz erklärt er, das sei eine Ensalada de Noche Buena. Er hätte ihn mit seiner Mutter zubereitet, das gäbe es immer an Heiligabend.

Wir rücken unsere Stühle zusammen, die fünf Kinder setzen sich zu uns, wenn auch die vier kleinen zu zweit auf einen Stuhl. Wir holen Teller, und ich frage Juan, was genau denn in so einen Salat gehöre. Juan nimmt seinen Teller und legt einzelne Stücke darauf. Ich erkenne Äpfel, Orangen, Bananen, frische Ananasscheiben, Papayastücke und Erdnüsse, und dann noch etwas Grünes, das ist Kopfsalat, und gekochte Rote Bete. Die Soße ist aus Essig und Öl und Salz und Pfeffer. Wir alle essen von dem herrlichen Salat, und Juan strahlt wieder.

Als nichts mehr übrig ist, laufen die Kinder ins Weihnachtszimmer. Ich hatte kleine Geschenke aus Holz und Kunststoff für Juans Geschwister besorgt und für ihn selbst ein Lexikon. Da ich sie erst in zwei Tagen erwartete, hatte ich sie noch nicht verpackt. Das hole ich jetzt schnell nach, und als ich ins Wohnzimmer trete, sehe ich, wie sie mit den meinen andächtig vor dem Baum stehen, auf dem die Kerzen noch brennen. Juan dreht sich zu mir um. Dort drüben links, auf den Ast, müsste auch noch eine Kerze hin.

Während ich mit meinem Mann noch ein Glas Wein auf Weihnachten trinke, spielen die sieben Kinder still mit ihren Geschenken. Wir legen die Regensburger Domspatzen mit Weihnachtsliedern auf. Im Garten schreit ein Tukan, unter dem offenen Fenster raschelt ein Gecko. Die Kerzen flackern in der leichten Brise.

Arnfried Saddai

Gans in Rotweinsauce

Die Mutter ist jetzt jeden Tag gut gelaunt. Die Jahre der Angst sind vorbei. Wenn sie allein in der Küche ist, spricht sie mit den Blumen, die in den Töpfen auf der Fensterbank stehen. Sie ist glücklich, ihren Mann, die Zwillingstöchter und mich, ihren Ältesten, wieder im Haus zu haben.

Das Fest der Liebe ist in acht Wochen. Sie spricht fast täglich über ein weihnachtliches Festessen, das sie uns zubereiten möchte. Nur, Lebensmittel sind knapp. Richtig zu essen hat kaum jemand. Die Lebensmittelbezugskarten schreiben genau vor, wer auf wie viel Kalorien Anspruch hat, doch bekommt man oft viel weniger. Es ist bewundernswert, dass es Mutter dennoch gelingt, aus wenig etwas Gutes zu machen.

Sie hat im nicht mehr benutzten Luftschutzkeller eine verstaubte Flasche Rotwein gefunden, Jahrgang 1940. Vater hält sie gegen das Licht und meint, sie müsse noch gut sein. Mutter säubert die Flasche. Da sagt sie, ein bisschen verträumt: «Es ist so viele Jahre her, dass wir eine Weihnachtsgans hatten. Eine Gans in Rotweinsauce, wäre das nicht traumhaft köstlich?»

Wir lachen.

Ich denke darüber nach, wie ich es anstellen kann, der Mutter ihren Herzenswunsch zu Weihnachten zu erfüllen. Wie soll ich aber in einer Großstadt eine Gans auftreiben?

Ein Fliegerkamerad war in sein Elternhaus nach Rheinhausen entlassen worden. Der Ort am Niederrhein war ländlich, nicht sehr weit von der deutsch-niederländischen Grenze entfernt.

Wir hatten verabredet, nach Kriegsende irgendwie Kontakt zu halten. Weil eine Telefonverbindung noch nicht möglich ist und niemand von uns Benzin für ein Motorrad oder ein Auto hat, mache ich mich per Straßenbahn von Ort zu Ort auf den Weg zu ihm. Zunächst von Wuppertal mit der Schwebebahn bis zur Endstation Vohwinkel, dann ein kurzer Fußmarsch zur Endstation der Straßenbahn, damit über Haan, Hilden nach Düsseldorf zum Benrather Schloss. Auf der anderen Seite des Schlossplatzes benutze ich die Bahn nach Krefeld, fahre über Uerdingen in Richtung Moers bis zu einem Vorort mit Namen Rumeln. Von hier aus sind es nur noch ein paar Kilometer zu Fuß bis Rheinhausen.

Ich kann über Nacht im Haus meines Kameraden bleiben.

Nach dem Abendessen wieder im Wohnzimmer mit seinem kardinalroten Plüschsofa, das nur bei besonderen Anlässen benutzt wird, wie er mir leise sagt, komme ich auf mein Anliegen zu sprechen. Ich bin sehr erleichtert, als sein Vater sagt, dass die Beschaffung einer Gans eigentlich nicht schwierig sei, nur kaufen könne man sie nicht, man müsste sie gegen etwas anderes eintauschen.

Da sagt die Hausfrau: «Mein Mann braucht dringend einen Anzug. Können Sie eventuell einen Stoff besorgen? Wir haben Bienenvölker. Ein paar Glas Honig würden wir geben, und eine Gans fürs Weihnachtsessen.»

Am frühen Morgen mache ich mich auf den Heimweg nach Wuppertal. Ich habe fünf Gläser Bienenhonig im Gepäck. Daheim erzähle ich nichts von einer Weihnachtsgans, denn ich bin mir nicht sicher, ob eine Tauschaktion gelingen wird. Sie gelingt.

Mit einem Anzugstoff, hellgrau, Fischgrätenmuster, und drei Meter zwanzig mausgrauem Futterstoff treffe ich wieder in Rheinhausen ein. Die Verkehrsverbindungen dahin kenne ich nun.

Der Anzugstoff gefällt. Man nimmt, was man bekommt.

Die Gans wird im Nachbarort abgeholt, jedoch, sie ist lebendig. Damit hatte ich nicht gerechnet.

Ich weiß nicht, ob es die Freude über eine Gans ist oder ich nur überrascht bin, ich akzeptiere wortlos deren Übergabe in einer Tragetasche. Der Boden ist mit Stroh ausgelegt, oben ist die Tasche mit Bindfaden so verschlossen, dass nur ein Stück des Gänsehalses mit dem Kopf herausschaut. Die Mutter meines Kameraden tröstet mich, indem sie sagt, dass die Gans gut gefüttert worden sei. Sie würde sich sicherlich ruhig verhalten. Die Daunen könne man gut verwenden, und auch sonst noch einiges.

Auf dem Weg nach Rumeln wird die Tasche immer schwerer. Allerlei dunkle Vorahnungen schwirren mir durch den Kopf. Was soll ich machen, wenn die Gans durstig wird oder nicht mehr aufhört, laut zu schnattern? Der Anblick einer Gans in einer Straßenbahn ist auffällig genug. Man wird vielleicht einen Polizisten herbeirufen, der bis zum Ende seiner Ermittlungen meine Gans beschlagnahmen könnte. Dann ist Weihnachten bestimmt vorbei.

Ich beschleunige meine Schritte, lieber schnell nach Hause.

An der Straßenbahnhaltestelle Richtung Krefeld stehen nur wenige Menschen. In der Bahn stelle ich mich auf der hinteren Plattform in die äußerste Ecke und versuche, den kostbaren Inhalt in meiner Tragetasche hinter meinen Beinen zu verstecken. Ich bin froh, dass meine Hausgans kein Ganter ist, die sind wachsam und angriffslustig.

Je mehr die Bahn sich der Stadtmitte nähert, desto mehr Menschen steigen zu. Auf der Plattform wird es eng. Ich halte kräftig dagegen, wenn man mich gegen die Wand drückt, verteidige nach Leibeskräften den kleinen Freiraum für meine Gans. Plötzlich zwickt sie mich. Sie will anscheinend ins Freie, raus aus der engen Tasche. Ich klemme sie fester zwischen meine Beine, sie hört nicht auf, an meinem Hosenbein zu zerren.

An der Endstation lasse ich den anderen Fahrgästen den Vortritt. Dann eile ich zur nächsten Bahn in Richtung Düsseldorf, allerdings nicht so schnell, dass ich dadurch Aufmerksamkeit erwecke.

Die Bahn steht schon da. Die Gans schnattert kräftig. Ich versuche ihren Schnabel mit einer Hand zu umfassen. Man beobachtet mich. Einige Fahrgäste würden sicherlich zu gern wissen, wie kommt ein junger Mann zu einer Gans. Vielleicht hat er sie gestohlen, so kurz vor Weihnachten? Und dreist trägt er sie davon.

Aber niemand spricht mich an, den Fuchs.

Ich bin erleichtert, als ich das Umsteigen nach Düsseldorf-Mitte und von dort nach Schloss Benrath hinter mir habe.

Hier gibt es leider einen dreiviertelstündigen Aufenthalt, bis die nächste Bahn abfährt. Der Schlosspark ist nicht weit. Ich spaziere dorthin. Das ist ein Fehler, denn die Gans wird unruhig. Vielleicht riecht sie die Erde oder die kümmerlichen Grasbüschel, die der Herbst übrig gelassen hat. Ich überlege, ob ich sie aus der Tasche herausnehmen soll, damit sie sich etwas bewegen kann. Aber dann erscheint mir das Risiko zu groß. Sie könnte fortlaufen, und wie soll ich sie dann wieder einfangen? Sie schnattert wieder. Passanten horchen auf und blicken um sich. Ich streichle die Gans und spreche zu ihr. Das wirkt beruhigend. Immer häufiger schaue ich ungeduldig in die Richtung, aus der die Straßenbahn zur Haltestelle einbiegen muss. Die Wartezeit kommt mir sehr lang vor.

Dann rauscht die Bahn endlich heran. Aber ich darf nicht einsteigen, denn das Personal hat zwanzig Minuten Pause. Die Türen bleiben verschlossen. Hier draußen ist es kalt.

Der Schaffner bleibt vor mir stehen. Sein fragender Blick wechselt von mir zur Gans und zurück. Ich komme ihm zuvor und sage, dass ich eine eingetauschte, echte Weihnachtsgans nach Hause trüge. Er erwidert, ob ich denn keine Angst hätte, dass man sie mir wegnehmen würde.

Ich wende mich ab. Natürlich habe ich Angst, schon seit dem frühen Morgen. Aber ich sage und zeige es ihm nicht.

Ich habe Hunger, aber nichts Essbares bei mir, außer drei Äpfel, die man mir in Rheinhausen mitgab. Ich beiße ein Stück Apfel ab und halte es der Gans an den Schnabel. Aber die mag wohl keine Äpfel. Da esse ich sie selbst.

In Wuppertal endlich angekommen, benutze ich für die Reststrecke die Schwebebahn. Sie verkehrt in kürzeren Abständen und ist schneller als die Straßenbahn im Tal. Jetzt habe ich es noch eiliger. Ich will hören, was meine Mutter nun, drei Tage vor dem Fest, sagen wird, wenn ich ihr eine Gans präsentiere.

Es ist niemand daheim. Ich stelle meine Tasche auf dem Balkon ab und hole aus dem Keller eine Kiste. Für die letzten Stunden eines Gänselebens reicht sie.

Mutter kommt mit meinen Schwestern nach Hause. Die Überraschung ist nicht zu übertreffen, als sie in die Kiste schauen. «Huch, eine echte Gans. Woher hast du die denn? Die lebt ja noch!»

Sie überlebt sogar das Fest der Liebe, denn niemand ist bereit, sie zu töten.

Am ersten Weihnachtstag gibt es Himmel und Erde, das ist Kartoffelbrei, der mit Apfelmus vermischt wird, doch selbst für Vater gibt es in diesem Jahr nicht einmal eine Scheibe gebratene Blutwurst dazu.

Aber wir haben eine Gans!

Maria Gomille

Weihnachtsteller

🍴

Im Haus meiner Großmutter war es das Wohnzimmer, in dem meine Geschwister und ich immer ganz ungeduldig auf Weihnachten warteten. Es war für uns das schönste Fest des Jahres. Wir lebten bescheiden und waren nicht verwöhnt. Doch Weihnachten erfüllten uns Eltern und Großmutter manch heimlich gehegten Wunsch.

Schon im Advent backten wir mehrere Sorten Plätzchen. Die lagen in Blechdosen, die im kalten Esszimmer in der Sofaecke standen. Der große Kachelofen in diesem Raum wurde nur selten geheizt. Kohle und Briketts waren teuer.

Alle Jahre wieder musste Mutter kurz vor dem Fest neue Plätzchen backen. Heimlich hatten wir Kinder davon genascht. Nur zu gerne halfen wir alle noch einmal der Mutter beim Backen.

Auf dem Klavier lagen auf einem großen Brett in Kakao gewälzte Kugeln aus Marzipan zum Trocknen. Die Marzipanmasse hatte Mutter selbst hergestellt. Von diesen Kugeln naschten wir nicht.

Endlich war der Heilige Abend da. In unseren Sonntagskleidern warteten wir acht Kinder vor der Esszimmertür auf das Rufen des Glöckchens. Dann stürmten wir ins festlich erleuchtete Zimmer, sangen wie jedes Jahr dieselben Weihnachtslieder, sagten Gedichte auf und überreichten den Eltern die selbst gebastelten Geschenke. Und dann standen wir endlich vor unseren Plätzen am Gabentisch.

Das Schönste war der bunte Pappteller, für jeden einen. Wir wussten schon, was auf ihm liegen würde. Neben Nüssen, Äpfeln und einer Apfelsine bekam jedes Kind eine eigene Tafel Schokolade und nicht nur drei Kästchen wie üblich. Dann lag da auch immer eine Dose Ölsardinen auf dem Teller, zu essen, wann man wollte.

Rund um den Weihnachtsteller schmiegte sich, das Herrlichste von allem, noch ein Ring Fleischwurst, und daneben duftete ein kleiner, frisch gebackener Mohnstriezel.

Manche meiner Geschwister aßen schon an diesem Abend alles Mögliche durcheinander. Ich selbst habe immer lange überlegt, was ich aufhebe und was ich gleich esse.

Meine mittlere Schwester stellte ihren Teller unter ihr Bett, wenn sie schlafen ging. Am nächsten Morgen stellte sie ihn dann wieder auf ihren Platz auf dem Weihnachtstisch.

Mit großen Augen schauten wir Kinder uns Mutters Präsentkorb an, der herrliche Köstlichkeiten enthielt, die wir nur an Weihnachten sahen. Eine riesige Bonbonniere, eine Büchse Ananas, eine Schmuckdose mit Bohnenkaffee, Gelee- und Marzipanfrüchte in durchsichtigem Papier. Dauerwurst und Schinken drängten sich unten im Korb. Oben um den Henkel schlängelte sich ein Räucheraal. Niemals durften Mutters Lieblingsseife und ihr Parfüm fehlen, immer mit Maiglöckchenduft.

Mutter bot uns in den nun folgenden Tagen öfter eine Praline an. Aber nur ganz bestimmte, sie hatten alle eine angenagte Stelle. Mutter aß nämlich keine mit hellgrüner oder rosafarbener Füllung.

Unser schlesisches Weihnachtsfest kannte ganz traditionelle Speisen am Heiligen Abend. Da aßen wir Karpfen in einer Pfefferkuchensoße, die mit Malzbier abgeschmeckt wurde, oder besondere Bratwürstchen, die es nur Heilig-abend gab. Was so Besonderes an ihnen war, wussten wir Kinder nicht, aber sie waren aus besonders feinem Kalb-fleisch.

Nach der Christmette gab es bei Großmutter, die im Haus wohnte, noch Mohnklöße. In Milch getränkte Scheiben von einem Striezel wurden in einer Glasschale abwechselnd mit gemahlenem, gebrühtem Mohn, der mit Mandeln, Rosinen, Zucker und Rum vermischt wurde, dick belegt. Bis die Schüssel voll war, wechselten sich Weißbrotscheiben und Mohn ab. Als Letztes deckte die Mohnmasse den Nachtisch zu. Stundenlang zog die Speise im kalten Keller durch. Köst-lich schmeckten die Mohnklöße, die gar nicht wie Klöße aussahen, als letzte Mahlzeit an diesem aufregenden Abend. Der Rest schmeckte noch am anderen Tag. Sehr satt wurde man davon.

Am ersten Feiertag aßen wir die mit Äpfeln gefüllte Gans mit schlesischen Kartoffelklößen, Rehkeule mit Rotkraut und schlesischen Kartoffelklößen folgte am zweiten Festtag.

Auf dem Balkon stand in der Winterkälte dann der große Bräter mit dem Knochengerüst unserer Gans mit noch vielen fleischigen Stellen. Zur Freude von uns Kindern trafen wir, wenn wir uns heimlich an ihn herangeschlichen hatten, dort manchmal auch unsere Eltern, ausgerüstet mit einer Gabel.

Waren die Feiertage vorbei, schmeckten die vielen Reste immer noch nach Weihnachten, auch wenn das Gänseskelett sehr kahl aussah.

Falsche Marzipantorte

Morgen ist Heiligabend. Die Tochter der Familie M. hat mir ein großes Knäuel mit dünner Kordel gegeben und gesagt, dass ich daraus ein Geschenk für Mutter machen kann, ein Einkaufsnetz. Wir haben dieses Jahr doch gar keine Geschenke.

Vor drei Tagen noch hatten meine Schwester und ich in einer fremden Wohnung gesessen, in der alle Wände mit Bücherregalen zugestellt waren, und auf unsere Mutter gewartet. Die Großmutter war gerade zurückgekommen. Sie hatte bei der Behörde den Totalschaden unserer Wohnung gemeldet und war noch einmal zu den Trümmern des Hauses gegangen, das bis gestern unsere Heimat gewesen war. Der Brand hatte den Keller tatsächlich verschont. So brachte sie meiner Schwester noch ihre Puppe mit, die auf unserem Stockbett im Luftschutzkeller gelegen hatte.

Ich hatte bitterlich weinen müssen, denn meine Babypuppe, die sonst auch immer im Keller gewesen war, war verbrannt. Ich hatte am Tag vorher beim Krippenspiel in der Schule die Maria spielen dürfen, und da hatte ich meine Puppe für die Krippe mitgenommen und dann mit dem Ranzen nach oben in die Wohnung gebracht. Auch der fertig gepackte Weihnachtsrucksack war in der Verwirrung stehen geblieben, als die Sirenen aufgeheult und Flakgeräusche sofort eingesetzt hatten. Stattdessen hatte unsere Mutter einen Waschkorb mit Bügelwäsche, der neben dem Ruck-

sack an der Tür stand, mit in den Keller genommen. Großmutter hatte später die Wäsche in ein blaukariertes Tischtuch
geknotet und jetzt mitgebracht.

Als Mutter zu uns gestoßen war, berichtete sie, dass die Sachen aus unserem Kellerraum von einem Lastwagen abgeholt
würden, die Degussa, wo sie arbeitete, hatte geholfen. Vor
allem aber war sie mit der guten Nachricht gekommen, dass
Herr M. und seine Frau angeboten hätten, uns noch heute in
ihrem Haus in Schönberg bei Kronberg aufzunehmen. So
waren wir mit unseren Taschen, dem Köfferchen mit den
Dokumenten und dem zusätzlichen Wäschebündel über den
Main zum Hauptbahnhof gezogen. Seit dem Angriff fuhren
die Züge noch nicht wieder in den Taunus; alle Menschen,
die die Stadt in dieser Richtung verlassen wollten, waren in
einer nicht enden wollenden Kolonne bis zum Westbahnhof
gelaufen. Vom Bahnhof in Kronberg war es noch ein ganzer
Kilometer bis zum Haus der Familie M. gewesen. Es war
dunkel und sehr kalt.

Dort zeigte man uns das Zimmer, das nun über Weihnachten und vielleicht – wir wussten es nicht – noch länger unsere
Bleibe sein sollte. Zu viert in den beiden großen Betten zu
schlafen war kein Problem; wir waren glücklich, dass wir ein
warmes Zimmer für uns allein hatten.

Nun sitze ich also hier und häkele an dem Netz, das im-
mer länger wird. Da kommen das Mädchen und meine
Schwester vom Einkaufen zurück und bringen mir ein Re-
klameheft von Dr. Oetker mit: «Zeitgemäße Rezepte».
Beim Lesen gefällt mir ein Rezept besonders gut: Falsche
Marzipantorte. Echte Marzipankartoffeln hat es bei uns zu
Hause früher immer gegeben, als wir noch ein Zuhause hat-
ten. In dem braunweißen Heftchen steht, dass das Marzipan

aus gekochten Kartoffeln und Bittermandel-Aroma gemacht wird. Das interessiert mich doch sehr, das klingt ja wie Gold aus Stroh spinnen. Die Torte soll mit Vanillepudding gefüllt und mit gerösteten Haferflocken verziert werden. Ganz zaghaft frage ich das Mädchen, ob wir vielleicht diese Torte als Überraschung für die Mutter backen können – später würde ich ihr auch die Lebensmittelmarken für Mehl und Zucker zurückgeben. Sie ist einverstanden, nachdem sie sich genau angeschaut hat, was man alles braucht.

So machen wir uns am Morgen des 24. Dezember an die Arbeit. Zuerst hilft sie uns, den Biskuitteig zu machen. Wir haben noch nie gesehen, wie man diese Art von Teig macht und dass man dafür die Form mit Butterbrotpapier auslegen muss. Lange dürfen wir die Küche heute nicht in Beschlag nehmen, doch zum Glück ist unser Tortenboden schnell fertig, und die Pellkartoffeln auch. Und dann zaubern wir wie Rumpelstilzchens Müllerstochter etwas Kostbares, nämlich Marzipan:

200 Gramm ungesalzene, gekochte Kartoffeln

125 Gramm Zucker

1 Päckchen Vanillinzucker, 7 – 12 Tropfen Backaroma Bittermandel

Die Kartoffeln werden durchgepresst und danach noch durch ein feines Sieb gedrückt, dann mit Zucker und Vanillinzucker gut verrührt und mit Bittermandel-Aroma abgeschmeckt. Außerdem kochen wir aus Puddingpulver, Apfelwein und Zucker eine Creme, die wir umrühren, bis sie kalt ist. Wie man Haferflocken mit etwas Butter und Zucker in der Pfanne röstet, wissen wir beide, denn erst kürzlich haben wir der Großmutter in unserer Küche dabei geholfen. Ich weiß noch genau, wo in unserer Küche die Keramikdosen mit der blauen Verzierung auf dem Küchenschrank gestanden haben. Jetzt dürfen wir die Haferflocken ganz allein rösten; das ist aufregend, aber auch ein bisschen traurig. Trotzdem passe ich genau auf, dass sie nicht zu dunkel werden.

Dann wird der Tortenboden mit einem Faden zweimal durchgeschnitten, das ist gar nicht so einfach. Die unterste Schicht legen wir auf eine Tortenplatte und streichen Marmelade darauf, obendrauf kommt ein Teil der Marzipanmasse, die richtig nach Marzipan riecht, aber ganz schwer auf dem weichen Biskuit auszubreiten ist. Der zweite Boden wird obendrauf gelegt, dann verteilen wir auf ihm die Creme, und den dritten Boden legen wir wieder obendrauf. Was von dem Marzipan übrig ist, schmieren wir dann über und auf den Rand der Torte. Zum Schluss verzieren wir sie mit den Haferflocken.

Wir sind so froh, unsere Torte sieht schön aus und riecht so gut nach Marzipan. Das Mädchen hilft uns, sie in der Speisekammer zu verstecken. Meine Schwester muss versprechen, dass sie Mutter und Großmutter nichts von der Torte sagt.

Mittags ist Mutter aus der Stadt zurück. Sie setzt sich zwischen uns auf die Bettkante. Sie legt die Arme um uns.

«Ihr wisst, dass der Rucksack in der Wohnung verbrannt ist. Darin waren nicht nur die Weihnachtsplätzchen, sondern auch die Geschenke. Seid also nicht enttäuscht, dass es keine geben wird. Wir haben großes Glück, dass wir von Familie M. aufgenommen worden sind und an ihrem Weihnachtsfest teilnehmen dürfen. Versucht, nicht traurig zu sein, wenn ihr den Weihnachtsbaum und die Geschenke der anderen seht. Wir wollen dankbar sein, dass wir vier noch gesund zusammen sind. Ich hoffe, dass wir im nächsten Jahr wieder eine eigene Wohnung haben. Dann feiern wir auch wieder unser Weihnachtsfest.»

Während sie mit uns redet, beuge ich mich vor, schaue die Schwester an und blinzele ihr zu: Wir haben ja Geschenke – wenn das Netz auch etwas komisch aussieht. Da kommt die Großmutter ins Zimmer und sagt: «Heute habe ich das erste Teil für unsere neue Wohnung gekauft.» Und sie hält einen länglichen schwarzen Gegenstand in die Höhe: einen Gas-anzünder!

Als es dunkel ist, sitzen wir vor einer großen Tür und war-ten, dass wir in das Weihnachtszimmer gerufen werden. Als es endlich so weit ist, sehen wir zuerst den hohen Christ-baum mit brennenden Kerzen, schimmernden Kugeln und silbernem Lametta. Auf einem langen Tisch liegen viele Ge-schenke. Die Torte und das Netz entdecke ich sofort, aber dann kann ich kaum glauben, was ich noch sehe: Da steht doch mein geliebtes Bechstein-Märchenbuch, und daran an-gelehnt sitzt meine Babypuppe! Mir ist richtig schwindlig, und ich drehe mich zur Mutter. Sie flüstert mir zu: «Du hat-test das Buch doch an Sigrid ausgeliehen, sie hat es uns zum Haus gebracht, als wir neulich noch einmal da waren. Als sie hörte, dass du keine Puppe mehr hast, sagte sie, ihre Baby-puppe sehe fast so aus wie deine, und dann hat sie sie für dich geholt, sie schenkt sie dir.»

Das Weihnachtsessen ist bestimmt sehr gut, aber ich kann nicht viel essen. Ich bin plötzlich ganz furchtbar müde.

Weihnachten «Last Minute»

Es ist Heiligabend, schon Mittag! Mir fällt ein, dass ich noch für die Festtage einkaufen muss, und ich renne aus dem Büro und hinein in den nächsten Aldi-Markt. Schon vor dem Eingang merke ich, dass im Laden kaum noch Kunden sind. Bin ich etwa schon zu spät? Doch die Eingangstür ist noch offen, und gemeinsam mit mir will ein zweiter Kunde hinein. Als wir im Laden nebeneinander stehen, fällt mir erst auf, dass er eine ziemlich zerschlissene Jeans und einen durchlöcherten Anorak anhat. Kränklich sieht er aus mit seinen in tiefen Höhlen liegenden Augen, der rot gefleckten Haut, ungekämmt und unrasiert. Sein Gang ist leicht schwankend, ob durch Alkohol oder körperliche Schwäche, ist nicht zu erkennen. Das ist wohl einer der Obdachlosen, die man mehr und mehr auf den Straßen sieht. Heute ist Weihnachten. Er tut mir Leid.

Ich sehe mich um, viel Zeit habe ich nicht mehr. Die Regale sind schon ziemlich leer geräumt. Obwohl ich sonst zu Weihnachten eher ein einfaches Essen bevorzuge, weil ich ja doch meistens allein bin, habe ich mir diesmal vorgenommen, etwas Besonderes zuzubereiten, da ich Besuch von einem sehr guten Freund erwarte, der mich schon mehrmals vorzüglich bei sich bewirtet hat. Das Menü habe ich aus meinem «Kochbuch für festliche Gelegenheiten» zusammengestellt und hoffe, dass es seinen Beifall findet. Für den Hauptgang habe ich zu Hause bereits eine Ente, die ich vom

Schwager meines Nachbarn bekommen habe, der eine Geflügelzucht hat. Als Vorspeise werde ich ihm einen Krabbensalat «Carmen» servieren, danach eine französische Zwiebelsuppe, gefolgt von einem Zitrussorbet. Dann kommt der Hauptgang, die im Ofen gebratene Ente mit einer Füllung aus Äpfeln und Feigen, die mit Curry gewürzt werden. Dazu gibt es Rotkohl, mein Lieblingsgemüse, sowie Semmelknödel. Als Dessert habe ich einen Sabayon vorgesehen, der mir schon mehrfach sehr gut gelungen ist.

Im Brotregal suche ich nach Graubrot, aber es ist keines mehr da. Ich muss mich zwischen Toast und Vollkornbrot entscheiden. Der Obdachlose steht noch neben mir und wirkt unentschlossen. Ich packe ihm schon einmal ein Paket Toast in den Einkaufswagen. Er entrüstet sich: «Was soll ich dann mit dem weiche Toast? Ich hab doch gute Zähn und kann noch zubeiße.» Da sind noch ein paar Brötchen im Regal. Die lege ich ihm dazu. Wir gehen gemeinsam weiter und laufen an den Regalen mit Wein, Sekt und Schnaps entlang. Mein Begleiter schaut sich alles ganz genau an, und ich frage ihn eher zurückhaltend: «Darf es denn hier etwas sein?» Er wirft mir einen zweifelnden Blick über die Schulter zu und sagt mit schwerer Stimme: «Du maanst wohl, ich wär en Säufer. Des kann ich mer net leiste. Ich hab nur grad bei e paar Freunde aan mitgetrunke. Es wär schon gut, wenn ich die aach e mal einlade könnt.»

Jetzt merke ich, dass er schon ganz schön getankt hat. Obwohl ich weiß, dass man Alkoholismus keinen Vorschub leisten soll, kann ich doch gerade heute nicht nein sagen und fordere ihn auf, sich etwas aus dem Schnapsregal auszuwählen. Das lässt er sich nicht zweimal sagen und greift gezielt nach zwei Flaschen Rotwein und einer Flasche Bom-

merlunder. Meine Großzügigkeit entlockt ihm ein ge-
hauchtes «Danke», und ich ziehe mit ihm weiter durch den
Laden. Ich brauche noch Äpfel und Feigen. Die Äpfel sind
vorrätig, aber die Feigen werde ich hier nicht finden. Da ich
nicht weiß, wo ich sie jetzt noch bekommen könnte, ent-
scheide ich mich, die Ente anstelle der exotischen Variante
mit einer Mischung aus Äpfeln, zerkleinertem Toast, Oliven
und Sardellenfilets zu füllen, wie ich es aus einem französi-
schen Rezept kenne. Die Krabben sind ausverkauft. Ich
werde den Salat «Carmen» ändern oder ganz fallen lassen
müssen. Es bietet sich noch Krebsfleisch oder im Notfall
auch Thunfisch an. Schließlich finde ich Thunfisch in Dosen. Das geht auch. Dann muss ich die Zwiebelsuppe aus
meinem Menü streichen, weil keine Zwiebeln mehr da
sind. Ich kann aber Tomaten bekommen und entschließe
mich daher, anstelle der Zwiebelsuppe eine Tomatencreme-
suppe zu machen.

Mein Begleiter ist immer noch neben mir, und ich wende
mich ihm wieder zu. Wir sind jetzt bei Körperpflegeartikeln,
Wasch- und Putzmitteln angekommen. Ich möchte ihm ein
Stück Seife schenken, möchte ihn aber nicht wieder beleidi-
gen wie beim Toast. Deswegen spendiere ich ihm Zahn-
bürste und Zahnpasta und lege stillschweigend ein Stück
Seife dazu. Er äußert sich nicht weiter, gibt mir aber zu verstehen, dass er gerne ein paar Zigaretten hätte. Die gibt es bei
Aldi nicht. Auf unserem Weg durch den Supermarkt erzählt
er mir, dass er an Heiligabend mit anderen Obdachlosen von
einer Kirchengemeinde zu einem gemeinsamen Festessen
eingeladen ist. Und morgen? Ein Schulterzucken.

Ich fahre den Wagen zum Brotregal zurück und lege ihm
einen Marzipanstollen in den seinen. Vielleicht doch zu sen-

timental? Ich rattere zum Wurstregal und lege noch zwei Ringe Fleischwurst dazu. Schließlich ist Weihnachten.

Jetzt muss ich mich aber noch darum kümmern, meine restlichen Einkäufe zusammenzubekommen. Ich brauche noch den Rotkohl und die Zitronen. Beides finde ich nach kurzem Suchen. Zur Abrundung meines geplanten Festmahls benötige ich noch eine Dose Espresso, die ich schließlich im Regal mit dem Kaffee finde. Damit ist mein Bedarf gedeckt, und ich treffe meinen Begleiter an der Kasse wieder, wo ich den Inhalt unserer beiden Einkaufswagen aufs Band lege. Und für mich zwei Tüten, für ihn eine.

Wir beiden sind die letzten Kunden. Die Kassiererin mit dem Kopftuch, der kahl geschorene Regaleinräumer, mein schwankender Freund und ich wünschen uns fröhliche Weihnachten. Es hat begonnen zu schneien.

Inhalt